ANASTASIO GARGANTILLA

DICCIONARIO TAURINO

TÍTULO: *DICCIONARIO TAURINO*
AUTOR: *ANASTASIO GARGANTILLA*
DISEÑO PORTADA: *Juan Manuel Domínguez*

I.S.B.N.: 84-495-0172-5
DEPÓSITO LEGAL: M-16.461-1995
IMPRESO en: Ibérica Grafic, S. L.

IMPRESO EN ESPAÑA - PRINTED IN SPAIN

BIOGRAFÍA

Anastasio Gargantilla nace en una estación de ferrocarril llamada La Bazagona (Cáceres), donde pastan los toros de La Herguijuela. Y llega al mundo este extremeño de pura cepa, un año antes de nuestra guerra: El 7 de septiembre de 1935. Cursa sus primeras letras con un maestro rural, hasta que siendo un niño aún, al morir su padre, se traslada con su madre a Madrid. En la capital, estudia en la Academia Navalpotro lo que entonces se llamaba Cultura General. Más tarde se gradúa en Alarde Publicidad como guionista de cine, también en Madrid. Cursa periodismo en Nueva York titulándose con el número dos de su promoción. Luego, ya en Madrid, se gradúa también en Radio y Televisión, relaciones humanas y empresariales. Igualmente tiene dos años de psicología. Especializado en Tipos Psicológicos.

La primera corrida que vio, con doce años, fue la muerte de «Manolete» en Linares y a partir de aquel momento, ya no paró de ir a los toros.

Comienza su vida profesional en el periódico «Béjar en Madrid», de Béjar; «El Adelantado», de Salamanca; «Signo» de Madrid, donde hace sus primeras entrevistas de toros. Pasa luego por diversos semanarios hasta que, según la Enciclopedía «Toros y Toreros» fue: «*Crítico taurino durante diecisiete años de la revista "El Mundo de los Toros", de Palma de Mallorca; Subdirector de "Toros y Deportes". de Caracas (Venezuela); corresponsal de los diarios "La Afición", de México; "El Tiempo", "El Correo" y "El*

Espacio", de Colombia; del Canal 9 de la TV, del mismo lugar. En España fue redactor del diario "Informaciones" y colaborador de "Cinco días", "Ya", "Interviú", "Tribuna", etc. y fue Coordinador General de esta enciclopedia, donde destacó en los "Temas polémicos", las biografías de "Colosos y figuras", así como "Las suertes del toreo"».

En los últimos años ha dirigido la revista «Grandes Toreros de España» o la tan opuesta como «Lib» o el semanario «Asombroso», de Madrid.

Tiene publicados «Ideologías para un rey», con otros periodistas; «Dudas de adolescentes», «Prostitutas y parados en el paraíso... socialista» y «El horóscopo y tu profesión». En 1992 fue el primer finalista del Premio Literario Ignacio Sánchez Mejías, con la biografía titulada: «Ignacio, torero y hombre». Ganador del premio «Larra-93» concedido por la Unión de Periodistas Españoles a su brillante trayectoria profesional.

En la actualidad sus artículos aparecen en distintas publicaciones, la mayoría con seudónimo, y sobre los más diversos temas, al tiempo que prepara una Enciclopedia.

En el momento de publicarse este libro habrá presenciado unas cuatro mil corridas de toros.

Está en posesión de unos veinte premios, entre España y América.

Anastasio Gargantilla, a la derecha, autor de este libro, en compañía del prestigioso escritor de costumbres de ABC, Antonio Díaz-Cañabate, uno de los mejores de los últimos años.

DEDICATORIA

A mis padres, quienes en mis primeros años supieron ser mis mejores amigos y mis grandes maestros, a quienes adoré y respeté.

A mi esposa e hijas, a quienes quise y quiero de todo corazón y por quienes siempre he luchado en la vida y sigo luchando hasta que me falten las fuerzas.

A mis nietos, por el momento, Angel Pantoja y Cintia González, en quienes tengo puestas todas mis esperanzas para crecer en su sangre.

A todos los que, de una u otra forma, conforman el planeta terrestre, (entre ellos a toda mi familia), y que de principio se les supone de buena voluntad.

A todos los toreros, desde el más importante de cualquier país, al más pequeño de ellos, en quienes cifro la continuidad de la fiesta de los toros.

A los críticos y escritores taurinos, quienes, con acierto y desacierto, elevaron este bello espectáculo, a la gran categoría que hoy tiene.

Y por último, a mi mejor amigo de todos los tiempos, Joaquín de Arcos Redondo, que el 2 de julio de 1993, una cruel enfermedad, nos arrebató para siempre de este mundo de los vivos. Que Dios, como él siempre mereció, lo tenga siempre presente.

Con mi mayor gratitud a todos.

EL AUTOR

EL RESPETO A LA HISTORIA

De ningún modo pretendemos sacar de contexto a los pioneros del toreo y, como tal, aunque el toreo de los primeros siglos difiera bastante del de hoy, tienen que estar entre los elegidos, de otro modo no seríamos justos. Por lo tanto, es imposible olvidarnos, aunque algunos no sean incluidos entre nuestros monstruos, de Juan Díez Íñiguez de Baldesora, «Candil», torero nacido en el último tercio del siglo XVI en Rincón de Soto, la Rioja, que ya en 1602 toma parte en las fiestas de San Fermín, en Pamplona, siguiendo sin interrupción hasta 1629.

En 1607 consta que *sacó una invención de zancos nunca vistos,* y *toreó* y anduvo con ellos tres días. ¿Quiere esto decir que toreó con los zancos puestos? La verdad es que eso es cosa que nos parece casi imposible, pero así está escrito y por ello lo consignamos. También en las cuentas que se conservan en el Archivo Municipal de Pamplona se afirma que cobró 50 reales. En cuanto a si toreó, se dice en un apartado: *Danzaba y lidiaba sobre ellos con rara habilidad, y asimismo ejecutaba todas las suertes, incluso la de matar.* Entre él y sus cuatro compañeros de cuadrilla cobraban por función 100 reales. En estas habilidades y orden casi gimnástico, es donde parece encontrarse el arranque histórico del toreo navarro, pues estas habilidades y destrezas son las que forman su carácter. En este sentido las noticias sobre «Candil», torero casi quinientista, tienen para nosotros y nuestros lectores, excepcional interés.

El hombre de a pie

Sin embargo, el primer nombre citado como torero de a pie en las cuentas del Real Cuerpo de la Real Maestranza de Sevilla, es el de Miguel Canelo, y posteriormente los de Francisco Benete, Cosme Rodríguez, Pedro Chamorro y Juan José, en un período que va de 1733 a 1743. No obstante, el que gana fama por el año 1751 es Melchor Calderón, nacido en Medina Sidonia; José Cándido, de Cádiz; y Antonio Estorque, de Tauste.

Deteniéndonos en Miguel Canelo, figura en las cuentas correspondientes al año 1733, quien ajusta su trabajo en 2.100 reales, estrenando la nueva plaza del Baratillo, que sustituyó a la cuadrilonga donde anteriormente celebraba sus corridas la Maestranza. Según el escritor de la época, Daza, Miguel Canelo corresponde al grupo de toreros sevillanos que hacían su aprendizaje en el Matadero. Torea en Sevilla los años 1734, 1736 y 1737, fecha esta última de su muerte, pues en las cuentas de este año figura una partida que dice: *A Francisco Canelo, hermano de Miguel, se le dan 675 reales por acompañar a Juan Santander, y en atención a haber muerto su hermano Miguel.* La orden de pago lleva fecha de 30 de agosto de 1737. Parece, pues, seguro que en este año toreó aun alguna corrida. Aunque las noticias que tenemos sobre sus cualidades como torero son muy escasas, parece ser que se trataba de un torero fuerte, poderoso, dominador...

Enlazando con «Candil», y ya metidos en el siglo XVII, nos encontramos con Miguel Sánchez también riojano. Su fama debía ser grande y espectacular, pues con ocasión de las fiestas con que en Pamplona obsequiaron al virrey en 1611, se dirigió a él y a Juan Díez, el secretario de la ciudad con una carta cuyo contenido nos dice y habla de sus habilidades. Esta misiva dice así:

A Juan Díez Íñiguez de Baldosera, o Miguel Sánchez, su compañero, toreadores, salud, señor. Estos señores del Reximiento han determinado que se compren toros el lunes que primero viene, y así me han dado orden vengan cuatro compañeros ese día para torear, y que si es posible, importa traigan los zancos y personas que sepan andar con ellos, porque quisieran regocijar mucho esta fiesta, por amor del Virrey, y lo que les suplica es no falten de venir este día, que en lo que se les paga no habrá desconcierto. Guárdele Dios. Pamplona, 3 de agosto de 1611.

Cumplieron los toreadores el deseo de la ciudad, y llevaron consigo a Francisco Mogastón y Diego Latorre. Acabada la fiesta dirigieron a la ciudad el siguiente oficio:

... Vinieron ayer lunes, por la mañana, a torear los toros que se han corrido el dicho día, con una danza de cuatro zancos, y por ser el tiempo tan breve han tenido mucha casta, por haber venido cada uno en cada cabalgadura, por la afición y la voluntad que tienen en servir a esta ciudad, y suelen venir todos los años a regocijar la fiesta del glorioso San Fermín.

Otro torero con el que nos encontramos, de los llamados de a pie, en el siglo XVII, es Miguel N. «El Manchego», quien ya torea en Madrid en 1684, y aunque no se cuentan muchos datos sobre su vida taurina, sí poseemos algo que nos da la clave. Existe una carta de uno de los diputados del Ayuntamiento de Madrid para proveer de toreros, a él concerniente, y se conserva en su archivo.

Dice así: *Antonio Estoregui, ha faltado por estar enfermo, y va con los toros encargados de llevar de Agreda, un buen mozo, que dicen se llama Miguel, «El Manchego», harto me alegrará haber acertado.*

Poca cosa en realidad, pero la historia se empezó a escribir con estos nombres que han ido sirviendo luego, con el avance de toda una técnica, el toreo mismo y la perfección de la tauromaquia. Sin embargo, estos hombres, estos nombres y lo que ellos representaron, fueron las bases, los auténticos pilares, de lo que hoy es la fiesta de las toros en unión de otros muchos nombres que, por lógica, faltan aquí.

Sevilla, siempre Sevilla

Entre los diversos nombres de los diestros que hacían su aprendizaje en el Matadero sevillano, no incluye José Baza a Francisco Benete. Sin embargo, no hemos logrado averiguar dónde nació, aunque es de suponer que en Sevilla. En la plaza de la Maestranza es ajustado en el año 1738 para, en unión de sus compañeros, torear y estoquear los días 21 de mayo y 2 de junio. Cobró, para él y toda su cuadrilla, 2.439 reales y 18 maravedís, incluidos *diez y seis pesos de los cuatro toros que se dan por el señor teniente.* Había muerto el año anterior Miguel Canelo y es Francisco Benete quien le sustituye en la plaza de la Maestranza. Aquel mismo año debía de torear en ella Juan Rodríguez. En 1739 es contratado de nuevo en Sevilla, y es aquí, tras una actuación brillante en septiembre, donde se pierde la historia de este torero, que debió ser bastante notable, ya que José Daza la recuerda treinta actuaciones después de éstas. Al parecer se trataba de un torero largo, muy alegre, pinturero, y pudiendo a los toros sin perder la compostura.

Poca historia hemos podido recabar de Juan de los Santos, salvo que algunos contemporáneos suyos afirman que nació en Madrid y se crió en Sevilla, mientras que otros dicen que nació al rescoldo de la Giralda. Lo cierto es que sus primeras actuaciones se llevan a cabo en Sevilla los años 1765 y 1766, en las corridas de otoño el primer año, y de primavera el segundo. No obstante, su categoría profesional no debió ser muy alta, pues este último año sólo cobró 510 reales por dos días. Alterna con Juan Miguel, Juan Romero y Félix Palomo. ¿Quiere decir que el cobrar tan escasa cantidad significa no ser un buen torero? No nos sirve esta explicación. No siempre son mejores quienes más cobran. Está sobradamente demostrado a través de la historia de la tauromaquia.

Posteriormente, nos encontramos con Antonio de los Santos, «Ojos Grandes», quien sólo usó el apodo durante la etapa de novillero. Nació en Sevilla y se presentó en

Madrid en 1789, toreando igualmente en la Villa y Corte los años 1790, 1792 y 1793, como banderillero. Los años 1794 y 1795 lo hizo en Sevilla en la misma calidad y en los primeros de los dos citados también en Madrid, prueba evidente de la aceptación que debía tener entre el público. En 1796 y 1797 actúa como medio espada en Sevilla con la protección de «Pepe-Hillo», quien llegó a imponerlo en ciertos carteles y según algunos cronistas de la época por las relaciones homosexuales que mantenían. Esta ayuda, naturalmente, y el torear más, hizo que su preparación fuese más rápida y mejor que la de algunos de sus compañeros. En los carteles de Madrid figura en todos los del 1800 al 1803 ya como espada de alternativa. En Sevilla alterna por primera vez con Juan Núñez, «Sentimientos», en 1803, continuando en cartel los dos años siguientes. Cuando muere «Pepe-Hillo» es quien, como tributo amistoso y de gratitud, dispuso el enterramiento y conducción del cadáver, desde el Hospital General de Madrid hasta la iglesia de San Ginés, en la calle Arenal, con la mayor ostentación y costeando él todos los gastos. De su forma de torear nos han dejado testimonios para todos los gustos. Según algunos, nunca quiso recibir a los toros, según otros lo hacía con relativa facilidad.

¿Quiénes estaban en poder de la verdad? Hagámonos eco de lo que afirma la mayoría, y éstos coinciden en que les pasaba a los toros la muleta infinidad de veces hasta dejarles aplomados o ahormados. Es decir, preparados, lo mejor posible, para la manera de matar que él veía más clara, que en este caso era la de entrarles a matar a volapié, aunque también en esto existe bastante controversia y dicen que *se iba fuera,* que *no se entregaba* y que entraba a herir *aliviándose,* sin entregarse apenas y de esa manera exponer lo menos posible. Estos razonamientos, no nos pueden servir porque en la hora suprema, la de matar, por mucho que un matador se eche fuera, siempre corre el peligro de encontrar la muerte. Es evidente que, aunque tuviera muchos defectos, en un momento de crisis en el toreo, logró unos puestos difíciles de superar en

Busto de «Pepe-Hillo».

aquellos instantes, si bien, repetimos, algunos contemporáneos traten de hacer ver que varios de esos puestos los logró sin merecimiento y por encima de sus auténticos valores.

Marcando el avance

Está demostrado que el siglo XVIII, sobre todo en sus finales marca el avance del toreo que ha venido a desembocar en lo que es en nuestros días y que varios toreros, algunos totalmente desconocidos para el gran público, tuvieron mucho que ver en algunos momentos determinados de la historia de la tauromaquia. Y en este caso nos encontramos, también, con Lorenzo Manuel Martínez, «Lorencillo», hábil lidiador e inventor de la suerte llamada «Salto del Testuz» y el primero que enseñó a poner las banderillas a pares, es decir, de dos en dos, en las suertes de *al cuarteo* y a la *media vuelta*. Con anterioridad a esta forma lograda por «Lorencillo», las banderillas se clavaban de una en una, ayudándose los toreros de un capote.

«Lorencillo», que según todos los datos de que disponemos nació en Cádiz, se presentó en Madrid ya entrado en edad, en las corridas celebradas el año 1737, en la plaza de madera levantada en Casa Puerta, más tarde plaza de Pardo Bazán, en las que intervinieron rejoneadores, porque por entonces no se había desterrado el toreo a caballo independientemente del de a pie. Según José de la Tixera era «muy celebrado y completo (como lidiador) en todos los manejos propios de la profesión. En estas corridas, los picadores utilizaron la vara larga y los rejoncillos; se banderilleó con banderillas frías y de fuego (hoy estas últimas llamadas de fuego o castigo), colocándose a pares; se dio lanzada a caballo y lanzada a pie. Hubo dominguillo, vestido de fuego y otras invenciones». Hacemos esta aclaración para que los lectores se hagan idea de la situación de las corridas en aquellos años, no desprendidas todavía de ciertas tradiciones.

Mucho tiempo se mantuvo en primera figura Lorenzo Manuel Martínez, «Lorencillo», ya que 21 años después de su presentación en Madrid, concretamente en 1758, vuelve a la capital de España famoso y triunfador.

Fue, además, un diestro que modificó en gran medida la indumentaria de los toreros que era muy poco airosa y propia de la rudeza de los profesionales que le precedieron, y adoptó para la lidia el vestido de seda usado por los majos y chisperos madrileños de su tiempo; vestido que, con las modificaciones necesarias, ha llegado hasta nuestros días. Pequeño de cuerpo, era ágil y bullidor en todas aquellas suertes que requerían movimientos especiales. De ello se desprende que tenía un estilo de torear alegre, que años después —especialmente desde «Pepe-Hillo»— dio en llamarse *de la escuela sevillana.* Sin embargo, «Lorencillo» debió de ser un diestro dominador y bastante conocedor de su oficio, más centrado en la técnica que en la estética o exquisitez, con lo cual se salía bastante de la llamada *escuela sevillana.*

Para finalizar con este diestro, parece ser que para su presentación en Madrid y, por primera vez, se hicieron carteles llamados de lujo que han llegado hasta nuestros días.

¿Quién fue?

A tres diestros del siglo XVIII sabemos con absoluta certeza, comprobada, que se les aplicó el apodo de «Martincho», diminutivo, de ascendencia vasca, del nombre propio Martín; a Martín Ebassun, a su hijo, o más certeramente hermano Antonio (se les llamaba a uno y otro, los Martinchos), naturales ambos de Egea de los Caballeros, y a Martín Barcáiztegui, el de Oyarzun. Un testimonio que reprodujo Velázquez y Sánchez en sus «Anales del Toreo» pareció dar respuesta y resolución a la identificación del diestro inmortalizado por Goya en dos de sus más famosos aguafuertes de la Tauromaquia con el Martincho de Oyarzun, ya que autores como «Abenámar» y G. de Bedoya, que antes le habían mencionado, apenas muestran saber de él sino lo que se deduce de las suertes representadas por el gran pintor. Fue don Ignacio Balestena —el distinguido erudito navarro que firmaba sus escritos con el seudónimo de Primín de Iruña— quien primero propuso la identificación del personaje inmortalizado por Goya con Antonio Ebassun, diestro nacido en Egea de los Caballeros. Más tarde, los señores de Azcárate y marqués de Cadena (don Indalecio) se inclinan, aunque sin decidirse totalmente, a esta opinión. En cuanto a nuestra investigación, sin ninguna clase de duda, descartamos al Barcáiztegui de Oyarzun, y aunque dudando entre los dos de Egea, Martín y Antonio, es loable inclinarse por éste, de quien tenemos más noticias y algunas bastante relacionadas y alusivas a las habilidades reproducidas por Goya, ya que tuvo más fama y nombre que su pariente. Para llegar a tal conclusión, lo primero que ha de tenerse presente es que la serie de aguafuertes de Goya tiene como guión la famosa «Carta Histórica» de don Nicolás Fernández de Moratín fechada en 1776. En este año, ya habla Moratín de «Martincho» como de pasada e incluyéndolo entre los diestros conocidos de épocas anteriores. Esto es lo que dice al respecto:

Fue insigne el famoso Melchor, y el célebre «Martincho» con su cuadrilla de navarros, de los cuales ha habido grandes banderilleros y picadores, como lo fue igual el diestrísimo «Licenciado de Falces». Parece, pues, indiscutible que Moratín, debió referirse, con toda certeza, a Antonio Ebassun y no a Martín Barcáiztegui, cuya época de torero fija el propio corresponsal de Velázquez y Sánchez entre 1778 y 1785. Está claro entonces, que en 1776 no podría habérsele, de ningún modo, citado como torero ya pretérito. Esto también nos da indicios para pensar que no se trataba del guipuzcoano y el que don José de la Tixera le supone natural de Haro, siendo don José riguroso contemporáneo del de Oyarzun. Además de estos argumentos, hemos comprobado que la fama de Barcáiztegui que tan sólo nos dan alguna referencia de él en su región, sin que hayamos podido descubrir cartel o documento alguno histórico que nos demuestre fehacientemente que toreaba. Si don Francisco de Goya, pues, grababa al aguafuerte escenas recordadas casi siempre por Moratín, podemos afirmar, con la fiable seguridad de todo un juicio humano, que a Antonio Ebassun debió retratar en sus grabados. Sentadas las razones que nos mueven a esta identificación, agreguemos, para centrarle bien entre los elegidos, que Antonio Ebassun (alias «Martincho») va a torear en Pamplona por vez primera en 1747. Consta en cuentas municipales, conservadas en el Archivo de dicha ciudad, que entonces se le dio un plus de 130 reales *en atención a su trabajo extraordinario.* Sabemos, igualmente, que en 1750 toreaba en Madrid con Leguigui. Una carta de don Prudencio García, informador de las corridas de San Fermín, escrita desde Logroño, comenta: *De compañeros sólo sé que «Martincho» y Baigorri se hallan en las presentes corridas de Madrid, y el primero con una cornada en la pierna derecha.* En Zaragoza torea el año 1759 en la corrida celebrada con ocasión de la visita de Carlos III a la ciudad. Ya por esas fechas, debía haberse iniciado su decandencia. En 1760 solicita ir a Pamplona *a torear de a pie como a caballo, y con la ayuda de Dios guardaré mi puesto también como otros.*

En el propio Archivo municipal de Pamplona se conserva la siguiente carta en que solicita torear los san fermines de 1763 y en la que, a pesar de la decadencia inevitable de los años, muestra gran confianza en sus habilidades. Vaya transcrita con su propia ortografía, cosa que venimos respetando en todas las citas que hemos reseñado hasta el momento en esta obra:

Señor y miamo con motivo de yrse acercando ya la función de nuestro patrón San Fermín yallarme todavía con animos me a padecido esquibir estas líneas a Vm. a fin de que Vm. las presente a esa Noble y lea ziudád para si gustan esos señores, pasaré a la función de toros y torearé de acavallo pues estoi siempre ere que erre en que no puedo allar quien me diferensie en mis cosas ridiqlas del toreo yasi espero y desa forma pasare a resibir nuevamente fabores de esos Señores y de Vm. por quienes ruego a Dios guarde los años demideseo. Exea y Maio 2 27 de 1763. B.L.M. de Vm. Y quien Berles de sea. Antonio Ebassun.

Vuelve a Zaragoza a torear las dos corridas de la inauguración de la plaza en 1764 y a estas dos corridas asiste don Francisco de Goya, y sigue actuando en Pamplona hasta 1767.

De sus méritos taurinos no sabemos mucho salvo lo que él pondera en la carta transcrita y los elogios que posteriormente se le han dedicado. El de don José de Tixera es el siguiente: *Al conocido «Martincho» (natural de la Villa de Haro) le titulaban el inimitable; porque, en efecto, lo era en los quiebros o ceñidos recortes que hacía a los toros con el cuerpo y con las banderillas al tiempo de clavarlas. Con la espada se desempeñó con muchos aplausos, y en lugar de la muleta usaba por lo común un broquel o rodela. Fue el más sobresaliente lidiador de su país y el único que pudo competir con el citado Calderón.*

Goya le representa dando el célebre salto de su nombre con grilletes en los pies y recibiendo con la espada a los toros sentado en una silla y con el sombrero por muleta, también con grilletes. En los epígrafes de ambos grabados se hace constar que tales suertes las ejecutó en la plaza de Zaragoza. Es aquí donde pudo verle el famoso pintor y dar vida, tal como hizo, a esos gloriosos momentos para la historia de la fiesta de los toros. «Martincho» se trasladó a Madrid en 1775, donde acabó sus días.

El último tercio del siglo

En este último tercio del siglo XVIII, nos encontramos con Francisco Garcés, diestro sevillano que empezó su profesión como banderillero, y puede verse su nombre a las órdenes de «Pepe-Hillo» y «Costillares». En 1789 figura como sobresaliente o supernumerario en la plaza de Madrid. De este año son unos curiosos informes que sobre su carácter y su habilidad envía a la Comisión de toros de Pamplona su representante en Madrid.

Dice así: *Garcés y todos los de su harina proceden según les acomoda, y se aprovechan de la ocasión. Sabe muy bien que no hay otro que tenga libertad de disponer de su persona, ni más toreros, que aunque no es de los sobresalientes, él fía lo mejor que puede ir ahí en el tiempo que se necesita. A esto se agrega el estar solicitado de otras muchas partes y que le dan iguales o mayores premios.*

Prefería por esta época, sin duda, ajustarse por provincias, a depender de la Junta de Hospitales de Madrid o de la Maestranza de Sevilla. Hasta 1793 en la corrida del 20 de abril, no aparece en Sevilla, y hasta el año siguiente en Madrid. En la primera corrida es cogido por un toro y herido en el cuello, y al reaparecer el 16 de junio, advierten los carteles que lo hace *restablecido de la peligrosa cornada y contusión que recibió en la primera corrida de este año,* y que *ofrece esforzarse todo lo posible para agradar al público.* En 1795 torea en ambas plazas de Madrid y Sevilla. Sigue toreando en la Corte los años 1796 y 1797, y vuelve a Sevilla los siguientes hasta 1800, perdiéndose este año toda su actividad taurina de manera un tanto extraña.

Y ya metidos en la historia y señalados los toreros pioneros con otros que citaremos en el apartado «Entre las Figuras y las Esperanzas», dejemos que su lectura nos lleve hasta nuestros días, donde, dicho sea de paso, nos ofrece un gran porvenir, con defectos y virtudes, para la fiesta de los toros.

DICCIONARIO TAURINO

A

ABANTO. Es el toro que, cobardón, medroso y como asustado, huye de los capotes, del caballo y de cualquier objeto que le cite. Si al final acomete, lo hará en términos generales, vaciando por cualquier parte antes de que se pueda rematar con lucimiento la suerte y, la mayoría de las veces, asustado, irá a refugiarse en las tablas. «Pepe-Hillo» dijo que estos toros eran *temerosos.*

ABONADO. Derecho que se adquiere cuando se es abonado durante varios años a un tendido en la plaza de toros, sea de primera, como Las Ventas, donde existen en la actualidad 18.000, o en cualquier otra de segunda o tercera. Normalmente se abona siempre en la misma localidad.

ABONO. Es el acto de adquirir el abono y derecho del mismo a partir del momento en que se hace efectivo ese abono, que no es otra cosa que se le reserven al abonado sus entradas para una feria determinada o toda una temporada.

ABREVADERO. Normalmente es un estanque, pilón o paraje de un río, pero también puede ser un arroyo o manantial donde se hacen pequeños charcos y éstos se emplean para dar de beber al ganado. Hace muchos años, estos estanques o pilones, se colocaban en los lugares más apartados del sitio donde pastaban los toros con el fin de que anduvieran lo más posible e hiciesen ejercicio. En nuestros días es todo lo contrario.

ABREVAR. En nuestro caso, dar de beber al ganado bravo en lo ya mencionado más arriba.

ACACHETAR o APUNTILLAR. Rematar al toro con el cachete o puntilla cuando éste, herido de muerte, se echa. Lo suele hacer un puntillero especializado o bien el tercer peón de la cuadrilla del matador de turno.

ACOMETER. Se dice cuando un toro embiste con ímpetu y gran destreza. Es en realidad y en la práctica, el acto de embestir a la muleta o a cualquier otro objeto. Acomete, embiste.

ACOSAMIENTO. Acción de acosar al toro hasta que éste se ve obligado a embestir, que es lo que suelen hacer los toreros cuando un toro no embiste o se resiste a ello.

ACOSAR. Perseguir, sin darle tregua ni respiro, a un toro (en el caso que nos ocupa) sin que éste pueda huir a su antojo buscando las tablas o la puerta de chiqueros.

ACOSO. Aparte de lo comentado más arriba, es el que se lleva a cabo a caballo en campo abierto, de una res, en término general como preliminar de una tienta.

ACOTAR. Cuando el torero, en uso de su poderío e inteligencia superior al toro, *acota* su propio terreno a la hora de torearlo sin dejarlo marchar a otro terreno. También es el uso y reserva para su aprovechamiento de un terreno, manifestándolo por medio de cotos puestos en sus lindes o de cualquier otra manera legal.

ACULAR. Se denomina así cuando el toro, normalmente manso, se queda con sus cuartos traseros apoyados en las tablas, en general buscando la muerte.

ADORNAR o ADORNARSE. Esmerarse el torero en la lidia, introduciendo algún desplante o gallardía fuera de lo habitual, y al margen de la ejecución de las suertes fundamentales.

AFAROLADO, DA. Comúnmente se designa así al lance o suerte en que el diestro se pasa el engaño por encima de la cabeza, pudiendo ser la capa o la muleta. Es un pase de adorno que gusta más realizado con la muleta, si bien con el capote es el antecedente histórico de la suerte. Este adorno se ejecuta con la muleta en la mano derecha, citando como si se fuera a realizar un arco. Una vez embebida la fiera, se lleva la muleta arriba, haciéndola dar la vuelta sobre la cabeza del torero, mientras éste gira sobre sus talones en dirección contraria al viaje del toro, volviendo a bajar la muleta a favor del giro para que el toro, al revolverse, encuentre el engaño delante.

AFICIONADO, DA. Persona o personas aficionadas a los toros. Hoy se suele dar este nombre, con bastante ligereza, a cualquier persona por el solo hecho de ir unas cuantas veces a los toros, pero lo cierto es que ser un buen aficionado/a es un título personal que no todas las personas pueden presumir de tener. El buen aficionado y la buena aficionada, que cada vez abundan más, son aquellas personas que tratan de saber y conocer, cada día mejor, las raíces del bello arte de torear. El aficionado a los toros no se parece en nada a los que lo son a otros espectáculos. Tiene, sin embargo, gran semejanza con el buen cazador. Aquél, como éste, pasan horas enteras uno y otro y otro día hablando con auténtica pasión de su diversión favorita, relatando hechos, sucesos, etc. A unos y a otros se les conoce con facilidad, especialmente por los verdaderamente entendidos. En pocas cosas se halla más intolerancia que en las cuestiones de toros, y por lo mismo, en nada son las polémicas más ardientes.

AGUANTAR. Dícese de la manera en que el espada recibe al toro a la hora de entrar a matar; es decir, adelantando el pie izquierdo para citarlo, conservando la postura y resistiendo todo lo posible la embestida del toro. Algunos llamados aficionados la confunden con la suerte de recibir, y sin embargo, se diferencian bastante; porque aunque es verdad que el diestro se coloca en ambas de igual manera o muy parecida, en éste ni procede a citar, como es indispensable en la otra, o sea, en la de recibir, ni el torero se encontrará a tan corta distancia. Es ésta una suerte tan difícil y expuesta en mayor grado que la de recibir, y nunca debiera realizarse con toros que corten el terreno.

AHORMAR. Hacer que el toro quede listo para la faena tras haberlo *moldeado,* con conocimiento y dominio, por parte del torero empleando la muleta. También se denomina así para colocarlo en posición correcta a la hora de entrar a matar.

ALAMAR. Guarnición a modo de fleco que adorna y embellece los trajes de torear. Los aficionados suelen decir *me gustaría poseer un alamar. Da buena suerte.* Las personas que sacan en hombros a los toreros, en cuanto pueden, se los arrancan. Son muy luminosos, sobre todo cuando les da el sol.

ALBAHÍO. Toro de pelaje blanco amarillento.

ALEGRAR. Animar al toro para que embista con más alegría y prontitud. Normalmente se hace a través de la voz y contoneando el cuerpo y la muleta al mismo tiempo. Suele dar resultado positivo.

ALGUACILILLO. Cada uno de los alguaciles que en las plazas de toros preceden a la cuadrilla durante el paseíllo y uno de los cuales recibe las llaves del toril de manos del presidente, quedando también luego, durante toda la lidia a sus órdenes. Es también uno de ellos quien entrega las orejas al torero que las corte.

ALIMÓN (AL). Se da este nombre al toreo (hoy en desuso en las plazas, pero que se sigue practicando por los aficionados en tentaderos y fiestas taurinas), que se practica con la capa cogiendo ésta cada torero o aficionado por una parte de ésta y tratando que el toro, novillo o vaquilla, pase por el centro de ambos. Hoy podría llamarse así a la suerte de banderillas que practican dos espadas a la vez burlando al toro y luego arrancando uno y poniendo las banderillas.

ALIÑO o ALIÑAR. Manera de preparar al toro para la muerte sin haber realizado faena alguna, debido, normalmente, a su peligrosidad.

ALTERNATIVA. Es la que concede el primer espada de alternativa al novillero aventajado para que, a partir de ese momento, sea matador de alternativa. El acto de la alternativa se reduce a ceder el primer espada al nuevo

Alternativa de Pedro Fernández, «Niño de Aranjuez», que le otorgó Santiago Martín Sánchez, «El Viti», en la plaza de Aranjuez, el 4 de septiembre de 1977, cediéndole el toro «Fusilero», de Baltasar Ibán. El padrino es acompañado, como testigo, por Palomo Linares.

doctor en tauromaquia el estoque, la muleta y su turno, para que mate el toro del doctorado en primer lugar. El acto se lleva a cabo en presencia del otro espada y al término de la faena, devolverá la muleta y la espada al primer matador. Si la alternativa se lleva a cabo en Madrid, no deberá confirmarla, pero si se toma en otra plaza, cuando toree la primera corrida en Las Ventas, confirmará la alternativa, que es como un reconocimiento oficial a la alternativa en otra plaza.

Es el sueño de todos los toreros. El doctorado, el llegar a ser matador de alternativa, es como el llegar a la boda. Se lleva a cabo con la mayor ilusión. Atrás quedan todos los sufrimientos, las luchas, esperanzas. Es el momento de la verdad y a ella se enfrentan todos. A partir de ese momento unos alcanzan la gloria y otros, pasados unos años, se cansan de luchar y abandonan.

ANDANDO. Es la manera en que el torero entra a matar al toro cuando éste se le viene encima aprovechando la ocasión sin haberle colocado previamente. También se suele decir que «le mató al encuentro». No es muy habitual, pero se suele dar alguna vez en la temporada.

AÑADIDO o CASTAÑETA. Postizo, también llamado coleta, que suple en los toreros la falta de ésta. En la actualidad, cuando se retiran de la profesión se dice: *Se cortó la coleta.* En realidad fue un acto simbólico porque en el momento presente ningún torero usa coleta propia y sí añadido.

AÑOJO. Toro de un año con la boca completa y dientes de leche.

APARTADO. Llámase así al acto de enchiquerar a los toros que han de lidiarse, conduciéndoles desde los corrales en que se encontraban a los chiqueros. Esto se hará por orden de lidia y tras haberse efectuado el sorteo. La operación es breve, a no ser que algún toro se resista a ser encerrado y, corriendo hacia los bultos, tarde más en ser conducido a su destino.

APÉNDICE. Se da este nombre a la oreja que corta el torero en la corrida. Los aficionados cuando hablan entre sí, suelen preguntar si no han visto al festejo: *¿Cortó apéndices?* Y esto se refiere al corte de oreja.

APLOMADO. Dícese del toro que durante la lidia se queda «aplomado». Es decir, sin movimiento, que apenas embiste. Vulgarmente se suele decir: *se ha quedado sin gas.*

APODERADO. Dícese de la persona que lleva la administración de algún torero y que se ocupa, además, de su contratación con las empresas. Es quien tiene la confianza del torero para defender sus intereses.

APODO. Nombre que suelen usar muchos toreros y que, en términos generales, son más conocido por ellos que por su verdadero nombre. Por ejemplo: Juan Antonio Ruiz Román, «ESPARTACO», Manuel Benítez Pérez, «EL CORDOBÉS», Pedro Gutiérrez Moya, «NIÑO DE LA CAPEA», etc.

APUNTILLAR. Dar la puntilla al toro que se encuentra en las últimas tras haber sido herido por la estocada. En una palabra: rematarlo.

ARPÓN. El remate de las banderillas, que consiste en una pieza de hierro afilada provista de otras menores que salen en dirección contraria para que al hundirse prendan en la piel del toro y no se caigan.

ARRANCAR. El acto en que, ya el torero, ya el toro, parten y se dirigen uno al otro o a cualquier punto u objeto; y según la distancia desde la que lo realizan, se dice arrancar en corto o en largo, o de lejos. Como siempre es feo arrancar de lejos.

ARRASTRE. Acto de retirar del ruedo al toro una vez que ha muerto. Normalmente se lleva a cabo con mulillas, pero en algunos pueblos se ha puesto de moda, cosa que reprochamos con todas nuestras fuerzas, el hacerlo con vehículos.

ASTA. Cuerno del toro.

ASTIFINO. Toro cuyos cuernos son extremadamente finos.

ASTILLADO. El toro que tiene uno o los dos cuernos rotos, formando en su final o punta hebras o astillas más o menos grandes, hechas casi siempre por efecto de cornadas o derrotes en los toriles, tapias en el campo, árboles o incluso en el suelo. La Real Academia no incluye esta palabra en su Diccionario cosa que nos parece algo aberrante. Incluso, tampoco la «Enciclopedia del Siglo XXI» editada por el diario «El Mundo», la incluye cuando es de uso muy común en cualquier plaza de toros y en las dehesas españolas.

ATRACARSE DE TORO. Es lo mismo, en realidad, que *embraguetarse* el espada de turno al entrar a matar. Es decir, por entregarse demasiado. Sucede, también a veces, por no marcar bien con la muleta la salida del toro; porque el toro se acueste (vencerse) por el lado derecho; y en pocas ocasiones, por demasiada entrega del torero, que, estando ante un toro codicioso y de sentido, sabe que es más seguro *embraguetarse* en corto que citarlo de largo. Pero normalmente, sucede por lo contrario, por no entregarse el toro.

ATRAVESADA o ATRAVESAR. Es la estocada que no penetra recta, sino de derecha a izquierda del toro. El espada atraviesa al toro cuando le da una estocada alta o baja, trasera o delantera, que marca su final o salida por el lado contrario, rasgando la piel, o al menos señalándose en esta salida, lo cual es censurable. En una palabra: cuando se entra a matar de manera incorrecta, cuando no se entra de frente y por derecho.

ATRONAR. El golpe dado con la puntilla en el nacimiento de la médula espinal de la res, o sea, en la cerviz, y con el cual el puntillero concluye con la vida del toro; diferenciándose del descabello en que éste se ejecuta por el matador con la espada antes de echarse el animal. Por lo demás, es igual el acto, si se exceptúa que el *atronamiento* es colocándose el torero detrás, y el descabello es situándose el torero de frente.

AVISADO. Se dice del toro que, bien por disposición natural, o bien por el sentido desarrollado adquirido tal vez por haber sido toreado en el campo, hace caso omiso al cite del torero de turno y busca el bulto de éste poniendo en peligro su vida constantemente.

AVISO. Es el toque de clarín que se envía al torero por parte de la presidencia de la corrida cuando éste prolonga la faena de muleta o a la hora de matar más tiempo del prescrito por el reglamento. El público que va a una corrida cuando esto sucede, suele, si simpatiza con el torero, recriminar al presidente cuando envía un aviso. Sin embargo, esto no tiene nada que ver con su buena o mala faena. Es simplemente el paso del tiempo y aunque le hayan enviado uno o dos avisos, se le puede premiar con una o dos orejas, según criterio.

AZABACHE. Toro de pelaje negro y brillante.

B

BAJONAZO. Se entiende por la estocada excesivamente baja que propina el espada al toro.

BAJOS. Región del toro entre el brazuelo y el morrillo.

BALLESTILLA. Sistema, poco habitual, para descabellar en el que no se empuña el mango en la forma habitual, sino que se apoya en la palma de la mano y la hoja en los dedos índice y corazón.

BANDERILLAS. Es un palo de unos setenta u ochenta centímetros de largo, aunque el tamaño es muy variado, con un hierro en la punta a manera de arpón y adornado comúnmente con papel picado. En las funciones benéficas se ponen las llamadas de lujo, que consiste en vestirlas con cintas y flores de colores más vistosos que los habituales; se forman en ellas faroles de papel o tela que, al romperse después de puestas, hacen que el espectáculo sea mucho más vistoso. Las hay también cortés, que sólo se usan para determinadas ocasiones. También existen las banderillas NEGRAS. Son de doble lengüeta y más dolorosas de lo ordinario y revestidas de negro. Han sustituido a las banderillas de fuego y se utilizan solamente en los casos en los cuales los toros no entren al caballo a recibir el castigo correspondiente en varas.

Un toque de clarín ordena que se deben retirar los caballos, con lo cual pasamos al llamado segundo tercio:

el de las banderillas. El toro ha quedado quebrantado y aplomado tras su pelea con los picadores, y las banderillas —que antiguamente se llamaban «avivadores»— tienen como misión «alegrar» al toro, avivarle. La suerte, cuando es ejecutada por auténticos maestros, reviste extraordinaria belleza y emoción. El banderillero sólo cuenta para su defensa con la propia agilidad y una visión exacta de los terrenos en que debe moverse, especialmente al encontrarse con el toro.

Pepe Bienvenida. Él nos da idea clara de la dramática belleza de este segundo tercio. Él clava las banderillas con arreglo a las más puras reglas: asomándose al balcón, *que afirman los aficionados; es decir, sacando las manos de abajo arriba y pasándolas entre las defensas del toro.*

BARRENAR. La acción del espada o picador que, al introducir el estoque o la puya en el cuerpo del toro, revuelven el instrumento y forcejean para hacerlo penetrar más y herirlos de mal modo. Es un acto censurable y así lo suele hacer el aficionado, incluso el menos entendido.

BERRENDO. Toro de pelaje blanco con manchas de otro color. Se dice: *berrendo en negro, en castaño,* etc.

BESAR. Se dice esto cuando el toro, a pesar de tener la puya clavada, gana terreno empujando hasta tocar o tropezar al caballo. Es propio de los pegajosos; pero sucede con bastante frecuencia. Hay espectadores, con mala uva, que gritan también a los toreros cuando los toros no embisten: *Bésalo, bésalo.*

BICHO. Término usado con bastante frecuencia e inconcreto para referirse al toro de lidia cuando es alto de agujas y sale con muchos pies. Se dice: *Vaya bicho. Es impresionante. Con bichos como éste no hay quien pueda.*

BIZARRÍA. Gallardía, valor, coraje, entrega sin miedo ni escatimación de esfuerzos, etc.

BIZARRO. Se suele decir mucho de aquellos toreros valientes, esforzados, que no regatean nada con tal de conseguir agradar al público.

BIZCO. El animal que tiene un pitón más bajo que el otro.

BOYANTE. Dícese del toro que acomete al engaño (capote o muleta) de modo franco. Es un término usado con bastante frecuencia y se refiere al toro que a su buena bravura une las condiciones de nobleza y suavidad al meter la cabeza. Con ellos sueñan los toreros porque son con estos toros con los que llevan a cabo las mejores faenas. Con las que se sienten felices.

BRAGADO. Aplicase, en general, para designar a aquellos toros que tienen el vientre de diferente color que lo demás del cuerpo. Sin embargo, en los últimos años se viene empleando también para ensalzar a aquellos toreros enrazados, que no se asustan ante los toros difíciles. *Dámaso* —oí decir en la feria de San Isidro de 1993— *es un bragao. Nadie le acobarda.*

Se estaban refiriendo al diestro Dámaso González, de Albacete, que le estaba sacando faena a un toro que no la tenía. Creemos que este adjetivo se pondrá pronto de moda.

BRAVO. Toro que se arranca con presteza, en cualquier terreno, al primer cite, creciéndose en el castigo. En resumen, lo que debe ser un toro.

BREGA. Es el trabajo que realizan los peones, y a veces el matador, para llevar al toro al caballo que a veces es bastante laborioso y difícil. En estos casos se usa el capote y normalmente vence el torero por su inteligencia y valor.

BRINDIS. Es el saludo que, brindado por la presidencia siempre, y algunas veces por determinadas personas, hace el matador en voz alta y montera en mano frente a aquéllas, dirigiéndoles la palabra cuando marcha a hacer la faena y después dar muerte al toro. Lo verifica en cada corrida únicamente cuando mata el primer toro; es decir, que aunque mate dos o más toros, sólo brinda en el primero; y esto lo realizan cada uno de los espadas que compongan una corrida; a no ser que el brindis vaya dirigido a alguien que no sea autoridad; bien sea a una sola persona o a toda la plaza. También los banderilleros y algún picador, hemos visto brindar, pero no es muy corriente.

BROCHO. Se llama de este modo al toro cuyas astas, sin ser enteramente gachas, son algo caídas y al mismo tiempo apretadas, es decir, más juntas que de ordinario las tienen todos, puesto que en los bien armados, en su parte inferior, o sea, en la primera mitad próxima al nacimiento, vienen a formar una media luna. Esta voz no es admitida por la Real Academia de la Lengua, aunque sea de uso muy común.

BRONCO. El toro que se arranca de manera imprevista y tirando cornadas.

BULTO. Comúnmente se llama bulto al objeto que, a diferencia del engaño, se presenta ante el toro, como el hombre, el caballo, etc. Dícese también *hacer por el bulto,* del toro que, despreciando el engaño, busca directa y fijamente al diestro, como lo verifican muchas veces los de sentido; y *huir el bulto,* cuando el torero, en los lances, los muletazos a la hora de matar, pierde la profesionalidad y no sabe por dónde anda. En los últimos años se ha puesto también de moda sobre todo en las féminas, fijarse en el bulto viril del torero, muy señalizado por el traje tan ceñido que lleva, y decir: *Tiene un bulto de comer...* o es *un paquete envidiable; para tocarle,* etc.

BUREL. Nombre que se da al toro en el idioma de los gitanos o caló. Sin embargo, esto que hace años era usado exclusivamente por los gitanos, normalmente para expresar algo negativo, ahora es usado por muchos aficionados, críticos y escritores taurinos. Los gitanos cuando un toro no embiste a su juicio todo lo bien que ellos quisieran, afirman: *Qué malaje y esaborío este burel... ¡por qué no le embestirá al pobre Curro, con lo majo que es!*

BURRICIEGOS. De este nombre existen tres clases de toros: unos que ven mucho de cerca y poco o nada a distancia, lo cual se conoce en que cuando tienen cerca cualquier objeto parten a él con gran codicia, y en cuanto se les separa no le siguen o toman distinto viaje; otros que ven poco de cerca y mucho de lejos, cuya circunstancia se advierte porque con gran ligereza y en línea recta parten de lejos sobre el bulto más grande que les llama la atención, sin parar hasta alcanzarle; finalmente, otros que no ven bien ni de lejos ni de cerca, por lo cual son pesados y casi siempre se aploman en la lidia. Tampoco es voz que comprende en su Diccionario la Academia, y tampoco nos lo explicamos.

Este defecto puede ser congénito o bien haberlo adquirido durante la lidia como manifestación de un estado congestivo. Generalmente, en este último caso, el toro suele ver bien de lejos y poco, o nada, de cerca.

C

CABALLERO. El que torea a caballo con garrochón o rejoncillo. A los rejoneadores se les suele llamar: caballero en plaza.

CABESTRAJE. Dícese del conjunto de cabestros. Agasajo que se hace a los vaqueros que han conducido con los cabestros a las reses.

CABESTRAR. Echar cabestros a las bestias que se desvían de la camada con el fin de que vuelvan al mismo lugar sin daño alguno.

CABESTRERO. Es una persona que suele conocer muy bien la psicología del ganado y se ocupa de él para trasladarlo de un lugar a otro por medio de los cabestros.

CABESTRO. En un resumen apresurado se puede decir que es un buey manso que suele llevar cencerro y sirve de guía en las vacadas. Sin embargo va más lejos. El cabestro, además de servir de guía de las toradas, y hacer que un toro devuelto en una plaza de toros vuelva pronto a los corrales, es algo muy importante en cualquier ganadería. Se cuenta, por ejemplo, y nadie lo pone en duda, que un día, cuando los cabestros se retiraban de la plaza de Madrid terminada una corrida, avistó el cabestrero en el camino el viático que se llevaba a un enfermo, y a una voz del vaquero, doblaron los animales las manos y permanecieron así hasta que pasó el viático. En un pueblo andaluz hubo una gran tormenta; al empezar ésta

Vieja estampa en los corrales de la vieja plaza de Madrid. En primer término, el cabestro con el cencerro tiene a la corrida bien guardada, y el resto ha fijado a todos los toros en torno suyo.

el buen maestro, o cabestro de punta, hizo mover por fuerza a una piara de toros que pastaba en una cañada; con su ejemplo y a cornadas les hizo subir a una loma, y al poco tiempo el sitio en que estuvieron se inundó de agua tan abundamentemente, que de seguro hubieran peligrado muchas reses de no haberlas obligado a marchar. Son, pues, absolutamente necesarios en toda ganadería o piara de toros bravos, y los mayorales, vaqueros y mozos de campo cuidan con empeño al cabestro que más dócil se presenta a su voz. En los encierros para las corridas y en la traslación de unos puntos a otros por caminos va siempre delante un cabestro que se llama *de punta,* que es el guión de los demás, y lleva muchas veces entre sus astas el anca del caballo que monta el mayoral que marca la ruta. El 1947, en una dehesa de Extremadura, un toro bravo separado de una camada por otros toros, atacó a unos niños que se encontraban jugando en el campo; éstos se subieron a un pequeño árbol y el toro no cesaba de topar al mismo y lo hubiera tirado de no ser porque un cabestro, con gran empuje y fiereza, le atacó e hizo que huyera con lo cual pudieron bajar los niños que él cuidó hasta que se encontraron a salvo.

CABEZADA. El topetazo que da el toro en su arremetida después de humillar y antes de derrotar, es decir, en el momento de llegar a la mitad de la acción de levantar el bulto que pueda haber enganchado, sin que por esta explicación se entienda que haya necesidad de que el animal coja para dar la cabezada. En una palabra, es el *golpe* que da con la cara o testuz. El 7 de agosto de 1973 murió un toro al pegar su cabeza contra un burladero en Vitoria.

CABOS. Corbatín y faja del traje del torero.

CACHETAZO. Golpe dado a cachete con la puntilla para rematar al toro cuando ha recibido una o varias estocadas y se echa sobre la arena.

CAIREL. Adorno a modo de fleco que figura en el traje de torero. Es una guarnición que queda colgando a los extremos de algunas ropas, a modo de fleco.

CALZONA. Calzón de ante que usan los picadores o toreros a caballo y que llega por encima del tobillo.

CAMADA. Las reses nacidas de un mismo parto. Conjunto de hijos de un mamífero. Conjunto de reses en un mismo lugar que pueden ser, incluso, de distinta edad y distinción de raza.

CAMBIO. Suerte que inicia la salida del toro por un lado, y al final se le da por el otro. Los cambios con la muleta o capote son muy difíciles si han de hacerse bien. Los toros más a propósito para ello son los revoltosos y aun los que se ciñen demasiado; pero con los demás no deben intentarse, y sólo ejecutarse cuando el diestro se vea obligado a ello porque el animal no haya acudido al engaño y sí dirigiéndose al bulto, en cuyo caso no hay más remedio que empaparle de nuevo en él dándole otra salida y ganando el terreno de espaldas, o sea, sin volver la cara.

CAPA. Color del pelo de los toros, al que también se suele llamar pinta. También, capote.

CAPICHUELA. Aunque pensamos que incorrectamente, se llama así a la esclavina del capote. En realidad es como un capotillo pequeño en la parte superior del capote de brega.

CAPITALISTA. Es el espontáneo que salta a la plaza para cargar en hombros al matador triunfador de una tarde tras finalizada la corrida. Existen algunos que son ya conocidos en todas las plazas. Estos capitalistas no oficiales, solamente cobran la voluntad que el matador de turno les quiera dar, que normalmente no es mucho.

CAPOTE (DE BREGA). Capa de color vivo, por lo común rojo, con reverso amarillo o a veces color morado e incluso azul, algo más larga que el capote de paseo. Es usado por los peones de brega para poner el toro en suerte al caballo, para situarlo en banderillas o para hacer un quite en el momento más oportuno. El matador lo emplea para torear a la verónica y todas las demás suertes de capote, etc.

CAPOTE (DE PASEO). Es la capa de lujo que usa el diestro para presentarse en la plaza para hacer el paseíllo y antes de iniciar la lidia. Son casi siempre de seda fuerte y costosa, bordados o galoneados de oro y plata, con ricos adornos que forman un vistoso juego con el traje que aquél viste.

CÁRDENO. Toro cuya mezcla de pelos blancos y negros le dan un tono grisáceo.

CARETO. El toro que, de cualquier color en su pinta, tiene la cara, o sea, la parte de la frente, enteramente blanca, siendo el resto de la cabeza oscuro. Puede ser careto también si su pinta, en general, es de color claro y el frente oscuro; pero es muy poco común.

CARGAR (LA SUERTE). Acción de torear el diestro, su cuerpo de perfil, consentir al toro en el engaño y marcar mucho la salida del mismo y en corto, además de lento, antes de que salga de jurisdicción. Para marcar bien la salida cargando la suerte, es indispensable hacer una pausa que, aunque sea brevísima, se note y sea palpable por parte del aficionado o espectador.

CASAQUILLA. La chaqueta corta de los diestros adornada con trencillas, luces y alamares.

CASQUETE. Pieza metálica en que se apoya el hierro de la puya y se asegura al palo.

CASTA. Manera especial de comportarse los toros en el ruedo frente al torero. Su particularidad es la alegría. En este caso se trata de la prontitud en responder a la llamada del torero, incluso a una tenue indicación de la voz, y de la manera de entregarse a fondo al juego del torero dándole mayor brío.

CASTAÑETA. Postizo que suple las funciones de la coleta de los toreros. También se le da el nombre de añadido.

CASTAÑO. Toro de pelaje del color de la castaña. Si es rojizo, se denomina COLORADO.

CASTIGADERA. Vara larga terminada en un pequeño hierro puntiagudo que utilizan los vaqueros para castigar a los toros en el campo, los menos, o en la plaza, a fin de obligarlos a ir donde se desea.

CASTOREÑO. Sombrero de los picadores.

CEÑIRSE. Es el torero que provoca y consiente que el toro pase muy cerca de su cuerpo. Cuando un torero no *se ciñe* a un toro siendo bueno o aceptable, se le suele decir *hay que ceñirse más si se quieren ganar millones.*

CERVIGUILLO. Se denomina así a la parte exterior de la cerviz cuando es gruesa y bastante abultada.

CERVIZ. Parte dorsal del cuello, que en el toro y en la mayoría de los mamíferos consta de siete vértebras, de varios músculos y de la piel.

CHAPIRÓN. Dícese de la res con la cabeza de color distinto del cuerpo. No es muy corriente pero se da algún caso.

CHAQUETILLA (TORERA). La que usan los toreros en el traje de luces. Las chaquetillas es un adorno francamente bonito y da realce al traje.

CHICUELINA. Lleva el nombre de su inventor, José Jiménez, «Chicuelo», que la improvisó en una corrida de Valencia, y consiste en citar al toro con la capa, como si fuera a ejecutarse una verónica, y ya iniciado el lance clásico y pasada la cabeza del animal, el matador retira y enrolla el capote sobre el cuerpo, al propio tiempo que da una vuelta en redondo hacia el lado contrario de la dirección seguida por la res, para quedar de nuevo frente a la misma.

Pedro Gutiérrez Moya, «Niño de la Capea», uno de los que mejor interpreta la chicuelina *en la actualidad.*

Después de cada vara (reglamentariamente el toro debiera recibir tres) se llevan a cabo los momentos de más colorido de una novillada o corrida de toros. Es el momento de hacer *el quite* —bien claro lo dice la palabra— hay que quitar al toro del caballo. Al término de cada vara uno de los diestros, al que corresponda en cada caso, se lleva al toro y realiza su quite.

CHIQUERO. Pequeño local o sitio en que queda cerrado al toro antes de ser lidiado. Es el que tiene comunicación inmediata con la plaza, y recibe, normalmente, la luz por el techo, aunque existe luz eléctrica, por cuyo punto se coloca la divisa. Comunica primero con los toriles o jaulones, y suelen los chiqueros estar colocados uno tras otro, sin que su número deba exceder de cuatro a seis, divididos por puertas que se cierran por medio de cuerdas desde lo alto. Algunos llaman también toril al chiquero. Debe ser de reducido tamaño para que el toro no se puede revolver con facilidad y se dañe sin querer.

CHORREADO. El toro que, sea cualquier el color del fondo de su piel, tiene sobre él líneas verticales del mismo color aunque más oscuro, en lo cual se diferencia del averdugado, que puede tener rayas de distinto color de su piel, pero sólo negras en colorado, o viceversa, y ser también transversales, lo cual no sucede en el chorreado. Un toro negro no puede ser chorreado porque no hay color más oscuro; pero un cárdeno oscuro puede ser chorreado por rayas negras, y un colorado claro por otras coloradas oscuras.

CHORRERA. Guarnición de encaje que se pone en la pechera de la camisa del torero.

CHOTO. Ternero de menos de un año.

CHULOS. Los mozos de plaza que con traje de torero abren la puerta del toril, alargan banderillas y sirven a los toreros de a pie. Hay otros mozos sin aquel traje que están más directamente al servicio de los picadores y cuidado de los caballos, guardanés, etc.

CHUPILLA. Chaleco que usan los toreros cuando visten de luces.

CINQUEÑO. Término empleado para designar así a los toros que tienen cinco años.

CITAR. Provocar con el capote, la muleta u otro objeto, la arrancada de los toros con el fin de poderlos torear. Propiamente no se aplica bien esta palabra más que cuando el espada, después de lidiar al toro con la muleta, lía ésta y *cita* para entrar a matar; porque aunque se llaman citar o citas lo que hace el picador o el banderillero para ejecutar algunas veces sus respectivas suertes, más bien se denominan, o debieran denominarse, *llamadas*. La cita para recibir al toro debe hacerse adelantando la muleta al tiempo que se baja la mano izquierda y se acerca ésta al hocico del toro.

CODILLEAR. Manejar el capote o la muleta con los codos pegados al cuerpo y moviendo solamente las manos o el antebrazo. Cuando esto sucede, en general, es y demuestra miedo por parte del torero porque cree que así evita mejor ser cogido, cuando puede suceder todo lo contrario al traerse el toro hacia sí.

COLADA. De esta forma se llama la acción de entrar el toro, en determinado momento, al torero, no obedeciendo al capote o la muleta que éste le ofrece, pisándole o ganándole su jurisdicción y tratando de coger el bulto, que no es otra cosa que el torero. El torero en estos casos no tiene más remedio, para evitar una cogida, que cambiar rápidamente los terrenos, sea echando el paso atrás, dando salida al toro con el capote o la muleta o, caso de no darle tiempo, huir sin más. Suele suceder esto con bastante frecuencia y en muchos casos ha llegado la cogida.

COLEAR. Es el acto de agarrarse el torero a la cola de la res, lo cual debe verificarse inclinando y uniendo lo más posible su cuerpo a uno de los costados o ancas del animal y haciendo fuerza con las manos hacia abajo o a un lado. No debe hacerse salvo que un compañero se encuentre en peligro y sólo por el tiempo imprescindible para librarle. También se suele emplear para sacar algunos toros que no quieren salir de los petos del caballo del picador.

COLETA. Trenza de pelo que el torero se dejaba crecer próxima a la coronilla, y donde coloca un lazo o moña de seda negra cuando viste el traje de luces. Hoy se coloca esta coleta prendiéndola en su pelo natural, sin dejárselo crece para nada.

CONOCEDOR. Es de suma importancia, especialmente en una ganadería de primer orden, un *conocedor*, que no es otra persona, generalmente, que el mayoral de la ganadería y a veces un buen vaquero. Éste debe ser inteligente y observar los adelantos, inclinaciones y vicios de las reses, para ayudar su verdadero encauzamiento. A los ganaderos millonarios que entienden poco de la cría de toros, o que por sus circunstancias especiales tienen que vivir lejos de la ganadería, les es absolutamente indispensable, y en las operaciones de la tienta y castración no puede prescindir del parecer y presencia de un buen conocedor.

CORNIABIERTO. Se da este nombre al toro que tiene los cuernos muy abiertos o separados entre sí.

CORNIAPRETADO. Aplícase este adjetivo al toro que tiene los cuernos muy juntos o recogidos.

CORNIBROCHO. Dícese de los toros que tienen los cuernos con la punta inclinada hacia dentro.

CORNIGACHO. Aplícase el adjetivo al toro que tiene los cuernos ligeramente inclinados hacia abajo.

CORNIVELETO. Se da este nombre a los toros cuyos cuernos, por ser poco curvos, quedan altos y bastante derechos.

CORNÚPETA. Se llama así al toro de lidia en neologismo de los últimos años y cada día con mayor implantación.

CORTAR EL TERRENO. Se dice del toro cuando, observando el viaje o carrera que lleva el torero, se dirige más rectamente que éste al punto donde él mismo ha de ir a parar; de manera que si no tiene pies bien sueltos el lidiador, o no se cambia a tiempo, lo cual es mejor, puede ser cogido.

CORVEJÓN. Articulación situada entre la parte inferior de la mano del toro y superior de la caña, y a la cual se deben los principales movimientos de flexión y extensión de las extremidades posteriores.

COSO. Manera de nombrar a una plaza de toros.

CRUCETA. Cada una de las cruces o de las aspas que resulten de la intersección de dos series de líneas paralelas.

CRUZ. La parte más alta del lomo, donde se cruzan los huesos de las extremidades anteriores con el espinazo. Se dice que los toreros deben *meter la espada en la misma cruz.* También en el mismo *hoyo de las agujas.* Resumiendo y para concretar, el punto en que se juntan o cruzan ambas líneas se llama cruz, rubios, péndolas, etcétera.

CRUZAR. En la suerte de matar, acción de dar salida al toro con la muleta al mismo tiempo que se mete el brazo para herir al toro con la espada o estoque.

CUADRAR. El toro se cuadra cuando quieto, con las cuatro patas en firme, junta las manos y las patas. Es entonces cuando está bien cuadrado, el momento para entrarle a matar.

En el banderillero, y una vez que se ha fijado en él, es el momento ideal para colocarle los rehiletes.

CUARTEAR. Lo que hace el diestro lo más cerca posible de la cabeza del toro, especialmente en la suerte de banderillas así denominada. Para comprenderlo bien, figúrese el lector al banderillero citando de frente al toro a más o menos distancia, ya viniendo el toro hacia él con la cabeza levantada, ya estando quieta: arrancando el torero hacia al toro y haciendo el toro lo mismo, llegarán a encontrarse en el centro de la suerte, formando entonces el diestro un medio círculo igual al de los recortes, cuyo remate será el centro mismo del *cuarteo,* en cuyo acto, al estar cuadrado con el toro, mete los brazos, clava los rehiletes y sigue por su terreno con el fin de evitar ser prendido por el toro al derrotar éste, que es lo más normal. Los mejores toros para ejecutar con ellos esta suerte son los boyantes, los que se ciñen y aun los que son revoltosos; cuidando, especialmente con éstos, no hacer salidas falsas y arrancar ligero de la suerte, porque de otro modo podrá la res ganarle terreno. La Academia de la Lengua en su *Diccionario* dice que *cuarteo* es: *Esguince o rápido movimiento del cuerpo, ya hacia un lado, ya hacia otro, para evitar algún golpe o ser atropellado. Tiene uso frecuente en el arte del toreo.* No peca, con perdón sea dicho de tan respetable corporación, de extensa ni clara la definición de lo que es el cuarteo en el toreo.

CUNA. Espacio entre los cuernos del toro, justo la parte superior.

CUNERO. Se llama así al toro que no procede de casta conocida, o mejor dicho, que no se sabe a qué ganadería pertenece. No deben admitirse los de esta clase para ser lidiados en plazas de primera.

D

DEGOLLAR. Matar el torero con una o más estocadas mal dirigidas, de manera que a veces el animal derrama excesiva sangre por la boca (vómito). Esto no suele gustar al público que como lo advierta incluso puede denegar la oreja que ganara con la faena el torero.

DEFENDERSE. Se dice que un toro se defiende cuando, mostrándose receloso, desparrama su vista atendiendo a todos los bultos, pero sin acudir a ellos, impidiendo que se le acerquen y tapándose.

DELANTERA-RO. Dícese de la estocada que queda clavada delante del sitio ortodoxo. También se da este nombre en las plazas de toros, a la primera fila del tendido.

En las banderillas, al par colocado más cerca de la cabeza que de la cruz del toro, pero alto, es decir, en la línea de la médula espinal.

En uno y otro caso suele acontecer que el motivo de estar mal puestas consiste en no haberse reunido bien el torero o banderillero con el toro.

Existe el puyazo delantero, pero esto no importa que sea así porque no estropean a la res, siempre que sea alto.

DERRAMAR (LA VISTA). Se dice que un toro derrama la vista cuando la esparce mirando sucesivamente a varios bultos y después la fija en un solo. En este caso, afirmaba «Pepe-Hillo», era muy importante que los toreros no se opusieran a su intención, muy al contrario, opinaba que se le dejara libre la salida; pues es cierto que donde el toro fija la vista, se dirige a acometer. No vemos nosotros, hoy, sin embargo, tanto peligro en esperarle, si hay el valor y la serenidad suficiente para aguantarle y, con maestría, *hacerle* cambiar de dirección, como decía el maestro Domingo Ortega.

DERRIBAR. Acosada una res, fuera ya de la piara o camada, marcha el jinete tras de aquélla a una distancia proporcionada, o sea, de veinte a treinta varas, poco más o menos, sesgándose hacia el costado o anca derecha del animal. Cuando el jinete lo considera oportuno, ya porque el terreno en que se encuentra sea más a propósito para el caso, ya porque la res vaya muy acosada y se observe que no vuelve la cara, mete espuelas al caballo fuertemente, describe en su carrera un arco de modo que al concluir se encuentra cerca de los cuartos traseros de la res, y entonces, enristrando la vara o garrocha, que deberá coger todo lo más larga posible, mete la puya en el nacimiento de la cola, y haciendo fuerza, para lo cual le ayudará mucho unirse bien al caballo y seguir el impulso de éste, derriba al suelo a la res. Teniendo un caballo fuerte y ligero, y manejándolo bien, la suerte es sencilla, porque el único inconveniente que hay que evitar es el que la fiera, a mitad de carrera o más en corto, vuelva la cara y ocasione un encontronazo que siempre debe evitarse.

DERROTE. (Véase HACHAZO); pero obsérvese que, aun cuando lo mismo en el derrote que en el hachazo se entiende que el toro lo da al levantar la cabeza. La palabra derrote se usa con preferencia para significar que es muy alta la cabeza, y casi siempre le da el animal para taparse en las suertes impidiendo que le coloquen palos o estoque. No comprende, como en otros casos que venimos señalando, esta voz el *Diccionario* de la Real Academia.

DESAFIAR. Se dice que un toro desafía cuando, parado y fijándose en los bultos, escarba la arena, cabecea, se encampana y luego se humilla, tapándose y juntando el hocico con el suelo. En este estado nunca debe intentarse suerte alguna, más que llevarse al toro con los capotes a otro lado. También se dice, aunque a nosotros nos parece incorrecto, cuando el espada, en la suerte de recibir, cita a la res con la muleta, *desafiándola* a que entre o acometa.

DESARMAR. Se aplica este término para designar el momento en el cual el toro logra quitar la muleta al torero cuando éste trata de dar un muletazo y también a la hora de entrar a matar donde el torero, en general, pierda la muleta. Es algo a lo que la crítica especializada suele dar mucha importancia, cuando en realidad no la tiene. También se llama así cuando, al entrar el toro al picador en la suerte de varas, se encampana, se tapa o se cierne, y derrotando antes de llegar, evita el puyazo, haciendo que el picador falle.

DESCABELLAR. Matar instantáneamente al toro, hiriéndole en la cerviz con la punta de la espada o con la puntilla. En este término hay que hacer un ligero matiz: el descabello lo da el matador estando el toro de pie, mientras que la puntilla, salvo excepciones, se da cuando ya está el toro echado o bien lo da el tercer peón de la cuadrilla de ese matador o el puntillero de la plaza. En Madrid hubo un puntillero que fue un auténtico maestro: Agapito Rodríguez.

Esta suerte no es tan difícil como vemos a muchos matadores y novilleros practicarla. Es más bien sentido de cuando se debe llevar a cabo; basta que el toro esté humillado y casi incapaz de embestir. En este caso el matador de turno coloca la punta del estoque entre las dos astas, en medio del nacimiento del cerviguillo, poniendo delante la muleta bastante baja y próxima a la cara del toro. Si éste no humilla, puede pincharle un poco en el hocico y echarle un capote por debajo del mismo, a fin de conseguirlo, y entonces ha de aprovechar el momento oportuno; en la seguridad de que si el animal no baja la cabeza, permaneciendo tapado o cubierto, es inútil, y, aun expuesto, intentar el descabello; porque, como muy bien dijo «Pepe-Hillo», aunque el toro se encuentre peleando con la muerte, molestado por un objeto, lo acomete

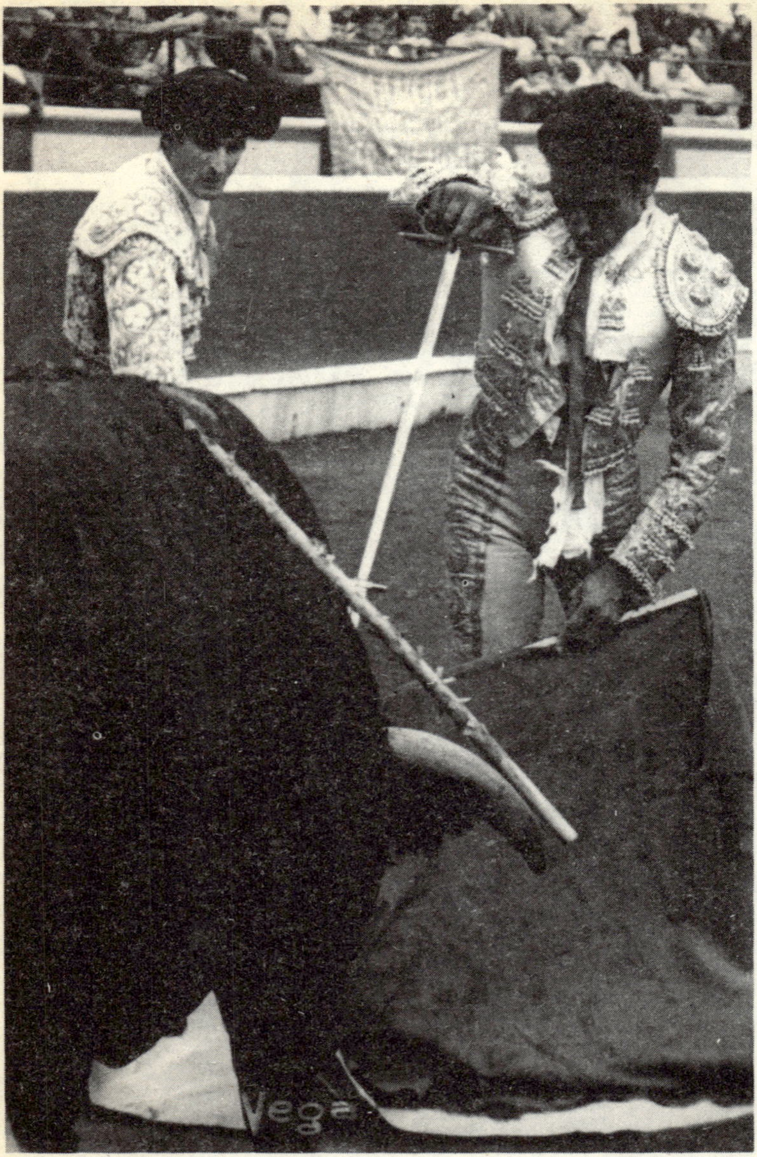

El diestro colombiano, Héctor Villa, «El Chano», que después murió en accidente de coche, intenta descabellar a un toro propicio para ello.

con increíble energía. Debe saber todo matador y aficionado, que nunca ha de intentarse descabellar sino cuando el toro esté herido de muerte, y por no haberle tocado la espada ninguna de aquellas partes que terminan con su vida más pronto, permanece en pie en completo estado de extenuación. Por lo demás, es una suerte lucida si se practica bien y gusta al aficionado. Existen dos ejemplos de toreros que la han practicado casi con una rodilla en tierra: Rafael «El Gallo» y más cercano a nosotros, Roberto Domínguez.

DESCORDAR. Se llama descordar, y el toro queda descordado, cuando el matador le clava el estoque precisamente en la especie de anillos que forman juntos el cordón o médula espinal, y por cortar ésta, cae la res sin poderse levantar. Prueba esto que el espada apuntaba bien; pero no debe equivocarse, ni con descabellar, que es el nacimiento de la médula y causa instantáneamente la muerte, ni con atronar, que es lo mismo, pero con puntilla. La Real Academia de la Lengua usa en muy distinto sentido esta voz.

DESIGUAL. El toro que cambia sus condiciones varias veces durante la lidia. El torero que por cuidarse poco o por distintos motivos, hace unas veces faenas brillantes y otras pega la «espantá»; es decir, huye en cuanto le es posible. El caso más palpable lo hemos tenido en los últimos años en un torero de gran renombre y arte, Curro Romero. También se dice que es desigual el par de banderillas mal colocado.

DESJARRETAR. Es el acto de cortar los tendones de la patas de los toros. Hoy está en desuso.

DESPEDIR (AL TORO). Se usa esta voz para indicar que el torero, sea banderillero o matador, de salida al toro con el capote o la muleta, es decir, sin recogerlo sino todo lo contrario dándole salida larga y desviada.

DESPITORRADO. Se dice cuando el toro tiene roto, pero no romo, cualquiera de los dos cuernos o ambos, siempre que quede en ellos punta. Este defecto, si es poco señalado, no le impide ser lidiado, particularmente en plazas de tercera. Los inteligentes y entendidos en ganado de lidia, usándola, dan a conocer la diferencia que hay entre astillado y despitorrado, diciendo que aquél es cuando el cuerno forma astillas, y el último, cuando algunas de éstas se han caído.

DESTREZA. Habilidad, arte, primor, poderío y facilidad para realizar las faenas un torero. *Este diestro posee una destreza inusitada. ¡Qué capacidad, qué primor y maestría posee el tío!*

DESTRONQUE. El que sufre el toro al ser coleado, o sea, el daño que recibe por efecto de la retorcedura de la cola, que sin duda alguna se le comunica a toda la médula espinal. Esto hace que se le quite mucha fuerza y nunca debe hacerse salvo en casos extremos. El *Diccionario* de la Academia dice que destroncar es cortar o descoyuntar el cuerpo o parte de él; en nuestro concepto no se perdería absolutamente nada, sino muy al contrario, se ganaría si se ampliase esta explicación en el sentido que nosotros le damos.

DIESTRO. Se emplea esta palabra para designar al torero de a pie, pero también se dice: experto, habilidoso, hábil, apañado, etc.

DIVISA. Son las cintas de uno o más colores sujetas a un pequeño arpón que se clava al toro en el cerviguillo momentos antes de darle suelta de los chiqueros al ruedo para ser lidiado. Son de una longitud de unos ochenta o noventa centímetros de largo, y se las colocan desde la claraboya abierta en el techo de dichos chiqueros, utilizando para ello un palo largo. El objeto de la divisa es distinguir una ganadería de otra.

Es una verdadera lástima que los ganaderos no hayan conservado, como debieron hacer en nuestro concepto, el color que desde un principio usaron los que formaron primitivamente cada una de las castas, y de este modo se hubiera evitado la confusión que hoy existe, nacida de la alteración repetida, no una, sino miles de veces, que han sufrido los colores de las divisas. Obviamente, comprendemos que cuando las vacas bravas y toros padres proceden de distintas ganaderías y se cruzan las castas, los becerros y toros que forman nueva torada lleven también nueva divisa, porque realmente empieza en ellos otra ganadería; pero que por el solo hecho de cambiar de dueño haya que cambiar también los colores, no nos lo explicamos. Tampoco encontramos fundamento para introducir dicha alteración de divisas porque una ganadería se parta o divida entre dos o más interesados, toda vez que, pertenezca a quienquiera, la ganadería y su origen son los mismos. Es más de sentir la referida alteración en castas acreditadas y de fama que en las de poco nombre y de desiguales condiciones, pues al fin éstas poco pierden, y aquéllas, por el contrario, cada vez que cambian de color en las divisas, tiene que ir adquiriendo nuevo nombre.

DOBLADORES. Dícese de aquellos mozos, no necesariamente toreros, que se encargan de guiar a los toros en San Fermín cuando éstos han llegado a la plaza tras finalizar el encierro y hay que *ayudarles* para que entren en los corrales. Para ello usan el capote de brega. Son verdaderos expertos.

DOBLAR. Se usa esta voz para decir que *ya ha doblado.* Es decir, cuando el toro cae muerto o simplemente se tumba al final de la lidia.

DOMINIO. Poder y conocimiento, por parte de los toreros, de su profesión. Cuando esto se da el público lo nota de inmediato por la seguridad que demuestran los espadas. Domina la profesión.

DOSIFICAR. Se dice cuando el picador sabe *medir,* sin quedarse corto ni pasarse, su castigo con la puya. Es decir, gradúa el castigo en las tres varas reglamentarias. Igual se dice del matador que sabe distribuir la faena en dosis cortas y de calidad.

DUDAR. Estar perplejo y sin resoluciones cuando sale un toro difícil. Los aficionados comentan: *Ese torero no hace más que dudar. No tiene ni idea cómo ha de llevar a cabo la faena.*

DURO. Dícese del toro que es excesivamente duro, bronco y ante el cual es muy difícil que el torero de turno se encuentre a gusto.

E

ECHARSE. Se dice que el picador se *echa* sobre el palo, cuando carga la suerte de vara con fuerza en los toros pegajosos que han llegado a besar el caballo. También cuando el espada, embraguetándose mucho, mete hasta el punto el estoque en el volapié o, arrancando en corto, se dice que se echa sobre el morrillo.

EDAD. *El toro de cinco años y el torero de veinticinco,* dice un adagio común entre los aficionados. Esta regla, sin embargo, no es tan general que no tenga, como todas, sus grandes excepciones, siendo lo más común que el torero a dicha edad no posea por completo más que valor y ligereza, pero no conocimiento exacto o perfecto del arte. De hecho en el presente momento de la fiesta de los toros, las grandes figuras, con muchos años de alternativa, sobrepasan esa edad con creces.

EMBARBAR. Es uno de los modos de mancornar o sujetar a un toro por las astas, lo cual se practica del siguiente modo: Se espera al toro, y al llegar, cuartea el diestro, colocándose pegado al brazuelo del animal, y echando mano con la derecha al cuerno derecho y con la izquiera al otro, mete el hombro por bajo del hocico de la res, hace hincapié torciéndole la cabeza, y cae aquélla. Es muy difícil y requiere gran conocimiento de las reses, y sólo la practican los vaqueros, y lo intentan muy pocas veces con toros jóvenes. Donde más se ve ejecutar es en las tientas y herraderos, y mucho más en Castilla la Vieja, especialmente en Salamanca. No ha dado la Academia entrada en su *Diccionario* a esta voz, que tan bien define y explica un acto conocido, usual y corriente en los lugares citados, amén de ser conocido por los buenos aficionados.

EMBESTIDA. Acción y efecto de embestir los toros.

EMBESTIR. Acto de acudir el toro al engaño que le ofrece el matador de turno, bien sea el capote o la muleta.

EMBRAGUETARSE. Dícese cuando el matador de turno se ciñe mucho en la suerte de matar, hasta el punto de que el toro bien humillado ha de pasar muy de cerca, casi rozando, el muslo derecho del matador. La suerte, así, sin ninguna duda, ha de ser mejor ejecutada que saliéndose o vaciando demasiado a la res; pero debe comprenderse que la exposición es grande, con sólo decir que a veces ni un dedo de distancia media desde el pitón derecho al muslo o cuerpo del matador. La Academia, que admite la voz «Bragueta», no estima admisible la de «Embraguetarse». ¿Por qué?

EMBROQUE. Conjunción de la muleta con la embestida del toro. En realidad, para que se entienda bien por todos los aficionados, es el momento de ganar el toro el terreno del diestro metiéndose en su jurisdicción y teniéndole por único objeto al tiempo de dar la cabezada; de modo que sin arrojarse el lidiador al suelo para que el toro rebrinque por encima; sin salir, si es en corto, por medio de un quiebro, o sin la ayuda de otro compañero que tienda el engaño para distraer al toro, es segura una cogida, a no ser que en el viaje largo tenga más pies que la fiera y gane más pronto el olivo. La Academia dice que es coger el toro al lidiador entre las astas. Nosotros estamos en condiciones de afirmar, por los muchos años de estudio y experiencia de conversaciones con los profesionales del toreo, que puede ser embrocado y no cogido. También es la reunión de los forçados portugueses con el toro.

EMPARAR. Es acercar mucho al toro la muleta o capa sin separarla del testuz, con el fin de que, cebándose en ella, no pueda fijar su vista en el diestro o en otro bulto que esté más distante. Da mucha seguridad al torero y esto prueba que le será más fácil burlar a la fiera en corto que de largo, siguiendo siempre unido, digámoslo así, el engaño a la vista del toro para que no la desparrame y se consienta con coger otro bulto o se dirija a otro objeto.

EMPLAZARSE. Se dice que un toro se emplaza cuando se sitúa en los medios del albero y aunque derrama la vista sobre muchos objetos no quiere acudir a los capotes. Para sacarle de este estado, debe empapársele mucho en los capotes y hacerlo continuamente y sin interrupción por cuantos peones sean necesarios. Hemos visto emplear con éxito las verónicas; pero es preferible, si es que se puede, emplear las largas. Por lo demás, a excepción de la suerte de varas, y ésta si voluntariamente va a ella el picador con sólo uno o dos peones, porque de ir mayor número pueda repararse el toro, recelarse y aun huirse, todas las demás pueden y deben intentarse y hacerse con gran lucimiento, porque generalmente el *emplazarse* no es más que tomar una querencia accidental o señal de cobardía en la res. Cuide, sin embargo, de no enseñar a los toros que se emplazan con salidas falsas y pases de largo y al descubierto, que suelen aprender y volverse de sentido.

EMPUJE. Se llama así, no a la acometida del toro, sino al recargue en ella que tienen los pegajosos y de cabeza. En los picadores significa el esfuerzo que hacen para echar el toro por delante salvando al caballo.

EMPUÑADURA. Guarnición de cintas que llevan la empuñadura de la espada. Buena estocada: la que el torero mete hasta la empuñadura o hasta las cintas.

ENCAJONAR. Acción de encerrar a los toros en cajones para su traslado, especialmente a las plazas de toros donde se han de lidiar después.

ENCAMPANARSE. Se dice del toro que, estando quieto y sin atender a objeto alguno, se fija pronto, levanta la cabeza y se ostenta gallardo y desafiando al que le ha alegrado o llamado la atención. En este momento el toro es tal vez el animal más hermoso de la creación. La Real Academia dice que es ensancharse o ponerse hueco haciendo alarde de guapo o valentón.

ENCERRONA. Se da este nombre a la lidia que se da a los toros en privado. Juan Belmonte afirmó una vez: *Hubo muchas noches, a la luz de la luna, en que tuvimos muchas encerronas con toros de diversas ganaderías.*

Quiso decir, sin ninguna duda, que encerraron toros por la noche, sin autorización, para torearlos. Esto está prohibido y cada vez se hace menos, pero hubo un tiempo en que todos los ganaderos se vieron sorprendidos con estos hechos.

ENCUENTRO (AL). El nombre de la estocada al *encuentro,* o encontrándose, es relativamente moderno. No lo conocieron los antiguos toreros, y entre los diestros actuales y buenos aficionados es opinión común de que sólo tiene lugar cuando los toros conservan empuje y el matador se coloca muy en largo, o sea, a mayor distancia de la que se necesita para la suerte de recibir. Entonces y, cuando el diestro ve que el toro viene ganando terreno, de lo cual puede resultarle una cogida si le espera, sale rápidamente a su encuentro, mejorando, evidentemente, dicho terreno y formando el centro de la suerte en el mismo de las primitivas distancias, clava el estoque, vaciando siempre al toro con la muleta y saliendo por la derecha del animal o colocarse en el terreno que éste ocupó, o saliendo por pies si se revuelve aquél y le persigue. Es suerte bastante difícil que sólo pueden ejecutarla los toreros de gran fuerza y agilidad.

ENCUNARSE. Es el momento en que el torero, por falta de pies o por otra circunstancia, queda colocado entre las dos astas del toro, siendo inevitable el encontronazo, del cual sólo puede salvarse arrojándose entre los pitones del toro. El diestro Antonio José Galán realizaba esta suerte con bastante frecuencia al tiempo que mataba citando con un pañuelo. Normalmente le salía bastante bien.

ENFERMERÍA. En todas la plazas de toros es indispensable que haya en sitio conveniente, lo más cerca del ruedo, una dependencia dedicada exclusivamente a enfermería. En ella, además del suficiente número de camas, que como mínimo deben ser cuatro, han de custodiarse los aparatos, instrumentos quirúrgicos, botiquines, vendas, trapos, hilos, etc., necesarios para que los médicos puedan operar a un herido si fuese preciso. En los últimos años las condiciones de las enfermerías han mejorado considerablemente e incluso las plazas portátiles cuentan ya con enfermería móviles. En su defecto siempre existen ambulancias perfectamente equipadas.

ENFRONTILARSE. Es una voz que no admite la Academia, aunque sí admite «Frontil». No es otra cosa que colocarse el torero frente a frente del toro de modo que si éste acomete y aquél no se mueve, o lo hace atrás o adelante pero no a un lado, necesariamente ha de ser encunado y arrollado aunque no sea herido.

ENGANCHAR. Se entiende por enganchar cuando el toro coge al torero, caballo u otro objeto con uno o ambos pitones.

ENGAÑO. Muleta o capa de la que se sirve el torero para engañar al toro.

ENHILARSE. Voz usada por toreros y aficionados, que significa lo mismo que «enfilarse», y así la define también la Academia. El que no se coloque bien *enhilado para partir rectamente al morrillo del toro con el estoque, no es buen espada.*

ENMENDARSE. Dícese que un diestro enmieda la suerte cuando, intentada de un modo, le ha sido preciso ejecutarla de otro, ya por haber cambiado el toro su viaje o cortado terreno, ya porque el torero haya visto cualquier dificultad para hacer bien lo concebido.

ENSABANADO. Se conoce con este nombre al toro de pelo blanco.

ENTABLERARSE. Se dice del toro que toma querencia a los burladeros o barrera en general y cuesta trabajo sacarle de ellos, imposibilitando o dificultando cuando menos, la realización de las suertes. Según la Academia, es *aquerenciarse el toro a los tableros del re-*

dondel, aconchándose sobre ellos. Como desde luego se comprende, esto puede suceder de costado o de espalda o anca. Por nuestra parte, cuando sucede de la última manera citada por la Academia, o sea, *anca,* nosotros, aunque sea una frase menos culta, decimos «acularse» porque nos parece más gráfica y es más conocida en el mundillo de los toros.

ENTERO. Se dice que un toro está entero cuando se halla con las mismas fuerzas o muy similares, ligereza y facultades que tenía al salir de los toriles. Para mermarle en parte unas y otras son las suertes de varas y banderillas, y para quitarle ligereza o piernas son el capote y la muleta.

ENVAINAR. Se usa esta voz cuando el matador deja una estocada que, entrando el hierro por el tejido que hay debajo de la piel del toro, sigue sin profundizar entre cuero y carne, causándole poco daño, aunque suele hacerle huidizo y receloso.

ERAL. Llámase así al becerro que no tiene más de dos años.

ESCUELA (TAURINA). Se llama Escuela Taurina al lugar donde se enseña a los futuros toreros a practicar las suertes más elementales del toreo y formándoles, aunque no en todas, para otros menesteres. La Escuela más antigua que se conoce fue la de Sevilla fundada hace más de siglo y medio: el 28 de mayo de 1830. A partir de ese momento, las escuelas han sufrido muchos contratiempos, aunque en los últimos años han avanzado mucho. En Madrid tenemos la de Tauromaquia «Marcial Lalanda», que preside en la actualidad el alcalde de Madrid don José María Álvarez del Manzano y López del Hierro. Existen otras en Valencia, Albacete, Cádiz, Salamanca, Alicante, Málaga, Jerez de la Frontera, Calahorra, Soria, etc.

ESCUPIRSE. Echarse fuera de la suerte el toro, por blando al hierro o por demasiado abanto. El taurino suele decir que el toro «se encoge» o «se duele».

ESPADA. Comúnmente se llama así al estoque, pero su primera acepción fue y sigue siendo el torero encargado de dar muerte al toro con estoque. Antiguamente estaba contratado solo y particularmente, es decir, con independencia de la cuadrilla; pero desde que murió el célebre Pedro Romero y el matador más acreditado de entonces, Jerónimo José Cándido, se reunió al mejor personal que había cada espada de alguna significación. Ha quedado constituido el jefe de cuadrilla, la cual se compone por lo común de dos picadores y tres banderilleros.

También se da este nombre al arma blanca, larga, recta, aguda y cortante, con guarnición y empuñadura.

ESPONTÁNEO. Futuro torero que, ante la imposibilidad de torear en plaza alguna, decide «tirarse» al ruedo de una plaza de toros mientras torea otro espada o a la salida del toro. Uno de estos espontáneos fue Manuel Benítez «El Cordobés» que se lanzó a la plaza de Las Ventas cuando empezaba.

ESTADOS. Los toros en la plaza tienen tres estados que deben ser conocidos por su importancia. Son, por este orden: los de *levantados*, *parados* y *aplomados*. Como indican dichos nombres, los primeros son aquellos que al salir del toril y aún algún tiempo después, sin fijarse por lo regular en ningún objeto, o en su caso muy poco, corren con la cabeza alta, sin codicia por el bulto, arrancan echándose fuera y con el sentido de la huida; los segundos, o sea, en estado de parados, se conocen en que no corren atolondrados, se fijan más, acometen con más decisión, conservan las piernas necesarias para toda clase de suertes aunque no tengan el mismo vigor que cuando salieron del chiquero, y en una palabra, se encuentran en las mejores condiciones para la lidia, si bien es el último estado, o sea, el de aplomados, el que manifiestan más claramente. Cuando se encuentran en este caso, si tienen querencia, no la abandonan, no hacen más que por los objetos que tienen cerca, están casi siempre inciertos, se topan, se quedan, les faltan piernas muchas veces y suelen estar recelosos y desarrollar sentido. No siempre sucede que tan en absoluto pasen los tres estados, pues hay muchos toros buenos. Por lo menos terminan su lidia como empezaron y, a veces, mejorando notablemente.

ESTOCADA. La que da el diestro en la suerte de matar. *Media estocada* es la que no penetra más que en su mitad. *Corta,* la que no llega a entrar más que una tercera parte. *Honda,* la que entra hasta la empuñadura. *En la cruz o en los rubios,* la que siendo más o menos honda es colocada en la parte alta del toro, centro superior de las agujas y médula espinal sobre los brazuelos, que es el sitio en que el matador en toda ocasión debe procurar colocarla. *Trasera,* la que queda puesta más atrás que la anterior, ya sea más alta o más baja. *Delantera,* la que, por el contrario de la precedente, queda colocada o introducida entre la testuz y la cruz del toro. *Ida,* la que entrando alta toma la dirección de cortar la herradura, aunque no llegue este caso. *Contraria* o *pasada,* la que se coloca en el lado izquierdo del animal. *Baja,* la que penetra en el lado del cuello del toro a distancia de más de dos o tres centímetros de la médula o cabello. Hace años se hizo famoso el *rincón de Ordóñez,* que no era otra cosa que el *bajonazo* o estocada baja y delantera que daba el maestro de Ronda Antonio Ordóñez a los toros. En la realidad el famoso «rincón», salvo excepciones, terminó por convertirse en un auténtico hotel. *Cruzada* o *atravesada,* la que, sea cualquiera el punto por donde haya entrado, sale más o menos por el lado contrario rasgando la piel. Entiéndase del mismo modo, aunque no la rompa, siempre que se vea claramente, cuando no ha penetrado todo el estoque, que si éste entrase la rasgaría; lo cual se conoce en que se forma un bulto al animal en el sitio en que se encuentra la punta de aquél a causa de la coagulación de sangre. No debe confundirse, se hace con frecuencia, con la *ida,* porque en ésta, aún penetrando todo el hierro, no llega nunca a salir de la piel, y en la cruzada debe suceder irremisiblemente, *tendida,* la que queda colocada casi horizontalmente en el animal. *Sobrada,* la que entra como la contraria en el lado izquierdo del cuello y además es algo trasera. *Caída,* la que colocada a un lado de la médula y sin ser completamente baja va con el peso de la espada inclinándose abajo del morrillo. *Pasada por pararse,* la que entrando alta tiene su dirección casi perpendicular. En las estocadas, por más que unas sean más lucidas que otras, el aficionado inteligente debe atender primero a la manera con que se han ejecutado que a la fortuna con que el lidiador haya conseguido clavarlas o colocarlas.

Con gran acierto se llama la *suerte suprema* al acto de dar muerte al toro. Mariano Benlliure dejó una hermosa escultura con su obra «La estocada de la tarde», al llevar al bronce la manera impecable con que mataba los toros Rafael González, «Machaquito». En el momento de la estocada, el corazón del torero no puede fallar. No se trata ya de que pase el toro, sino que hay que ir al toro (pues ahora la suerte se realiza a «volapié» y en contadas ocasiones la presenciamos «a recibir o recibiendo»). El diestro precisa primero igualar a la res, esto es, que el toro tenga las cuatro patas perpendiculares y no esté encogido.

«Nimeño II» que lleva bien la muleta en la mano izquierda para dar salida al toro tras la gran estocada, pero el toro gira la cabeza no obedeciendo al torero.

ESTOQUE. Tiene de largo desde el pomo a la cruz ocho centímetros, y desde ésta a la punta unos ochenta y cinco, más o menos. Toda la guarnición debe ir arrollada con cinta de buena calidad, normalmente de lana, y el pomo de piel, para que la mano no se resbale y sea más segura la dirección de la estocada. Llámase también espada al estoque, y hay otras algo más delgadas a las que se da el nombre de verduguillos. Los toreros tienen la costumbre antes de estrenar un estoque, de templarlo en la sangre de un toro recién muerto, y un chulo suele introducirlo en el cuerpo del animal por breves momentos con ese fin. No se crea que el estoque debe ser de acero flexible o templado, sino duro y forjado de manera que más bien se tuerza que se rompa.

ESTOQUEADOR. El que estoquea los toros. Es decir, el torero.

ESTRIBO. Se da este nombre al escalón de la barrera que a la altura próxima de medio metro tiene aquélla en la parte exterior, o sea, en la que mira al redondel. En la mayor parte de las plazas está pintado de blanco para que el diestro pueda fijarse con facilidad en un color que tan perfectamente divide el negro de la parte baja y el encarnado oscuro de la superior. También se llaman estribos los que tienen la silla de montar del picador, y que son cubiertos y de hierro, de la forma llamada vaquera.

EXTRAÑO. Dícese de la sorpresa o susto que manifiestan, tanto torero como toro, estando uno frente al otro. En el primero denota poca serenidad; en el segundo, recelo temor. El *Diccionario* de la Academia lo define de muy distinta manera y sentido.

F

FACULTADES. Dícese de los toros que conservan todas sus facultades cuando, tras recibir tres varas, no pierden su vigor y muchas veces tras ser toreados llegan a la muerte con pujanza y pies. Cuando un torero termina la lidia de sus toros en plenas facultades y a veces sin despeinarse. *Fíjense* —comentan los aficionados— *está para seguir matando otra corrida. Se ve que conserva todas sus facultades íntegras.*

FAENA. Se llama de esta manera al ejercicio que en general lleva a cabo el torero durante la lidia de sus toros. Es decir, que la *faena* es lo que constituye la lidia completa llevada a cabo en su conjunto. Sin embargo, algunos aficionados solamente dan este nombre, incorrectamente, a la *faena* realizada con la muleta.

FAJA. Tira de tela o tejido de punto de algodón, lana o seda con que se rodea la cintura del torero. También se llama fajín. Normalmente es roja, pero en los últimos años se han visto de muy distinto color, como azul, verde, negro, etc.

FAROL. En la *Tauromaquia* de «Guerrita», se describe de esta manera: *Se sujeta en su primera parte como la de la verónica; pero en el momento de sacar el capote de la cara del toro se hace un movimiento como si se fuera a colocar sobre los hombros, dando con él una vuelta en rededor de la cabeza del diestro y volviendo a su primitiva* *posición si ha de repetirlo, o dejándolo sobre los hombros si quiere terminar la suerte galleando.*

Según José María de Cossío, fue su inventor Manuel Domínguez, «Desperdicios», fundando este aserto en la reseña de la corrida celebrada en Madrid el 13 de mayo de 1855, publicada en «El Enano», en la que se dice que tal diestro *toreó a un toro de manera admirable y practicando la suerte de su invención por él llamada del farol, que le valió estrepitosos aplausos.*

Ni «Pepe-Hillo» ni Francisco Montes, «Paquiro», la describen, y esto prueba que o la dieron poca importancia o más bien que la consideraron comprendida entre las de dicha clase del toreo con el capote. La equivocan muchos con galleos cuando en realidad no lo son. Y aquí incluimos, también, a algunos cronistas actuales, particularmente en los que llevan algunos programas de televisión, incluso algún profesional del toreo, y de ello hemos sido testigos, lo han equivocado, lo cual es muy grave.

En los galleos hay siempre quiebro de cintura y cambio de paso o cuarteo, y en esta suerte, como en todas las de capear, es lo más perfecto mover poco los pies y hacerlo todo, si es posible, con los brazos. No debiera realizarse esta

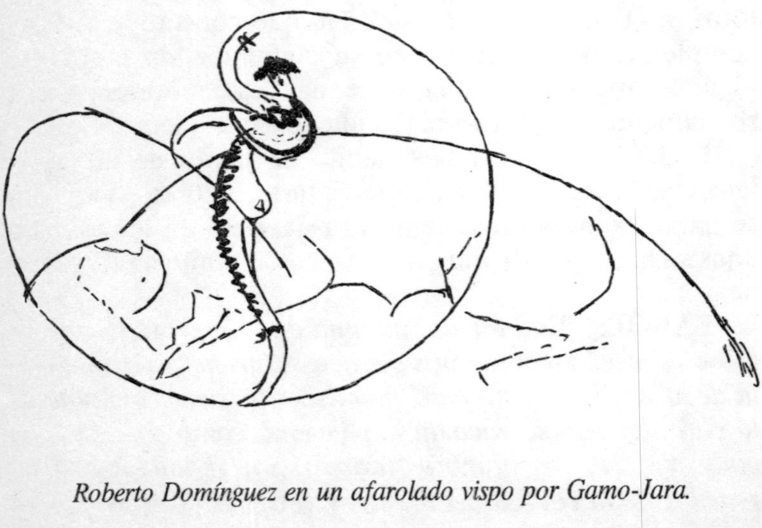

Roberto Domínguez en un afarolado vispo por Gamo-Jara.

suerte nada más que con los toros boyantes y sencillos que no estén parados y mucho menos aplomados.

El matador de toros vallisoletano Roberto Domínguez, siempre que le hemos visto, daba los faroles al estilo de Manuel Domínguez, «Desperdicios», es decir, de pie. Y a fe que eran tan vistosos, elegantes y originales, que a nadie se le pueden olvidar.

La realidad es que, una vez dado el farol, tal como describe la Tauromaquia de «Guerrita», él terminaba empalmando con una revolera de una belleza incomparable. Los trazos de la misma la pueden ver en el dibujo de Gamo-Jara.

FINO. Los aficionados han dado en llamar *toreo fino* al que trae su tradición de la escuela de Ronda, o sea, de Pedro Romero, sin duda porque su ejecución exige más compostura y una perfecta realización de lo que es este toreo. Podíamos poner como ejemplo, el que llevó a cabo el maestro de Ronda Antonio Ordóñez Araújo. El toreo llamado fino, lo decimos por las equivocaciones que hemos observado en el comportamiento de algunos aficionados, no excluye para nada, los galleos, quiebros, etc. Simplemente las suertes, todas, que han de realizarse bien.

FLÁMULA. Algunos críticos y comentaristas de toros han dado en llamar así a la muleta. Por nuestra parte, y aunque nada tengamos contra el modernismo, dejemos estar la palabra; pero conste que en tecnicismo tauromaco, nadie la ha usado; y como palabra castellana, significa otra cosa muy distinta a la que se aplica. En cualquier caso, suponemos que se impondrá con el tiempo.

FRENTE (POR DETRÁS). Esta suerte de capa, con más propiedad debía llamarse de espaldas. Se afirma que fue inventada por José Delgado, «Pepe-Hillo», y es muy ovacionada por quienes asisten a un festejo taurino. Su ejecución es bastante sencilla, pues consiste en colocarse el torero de espaldas al toro, con el capote extendido por detrás, y cogido como es debido con las manos echadas atrás también, parte el toro, llega a jurisdicción, se le carga la suerte, se mete en su terreno y da el remate con una vuelta de espaldas, quedando armado para repetirla. Es, quede claro, una verónica dada de espaldas.

Respecto a lo que afirman varios autores a que la inventó «Pepe-Hillo», debemos decir que don Francisco de Goya la pintó ejecutándola moros, lo cual supone mayor antigüedad, como puede comprobarse en la lámina 6.ª de su popular y valiosa colección *Tauromaquia*.

FUEGO (BANDERILLAS DE). Son iguales a las comunes, sólo que cerca del arpón o pincho tienen un pequeño mecanismo con yesca, que al tropezar con unos pequeños cartuchos untados de pólvora y con petardos explosivos que están colocados a corta distancia, prende fuego. En la actualidad apenas se usan. Han sido sustituidas por las banderillas negras y solamente se emplean cuando los toros se niegan a ser picados.

G

GALLARDO. Torero bizarro, valiente. *Es un torero muy gallardo,* afirman los aficionados cuando observan que el torero es valiente y se juega la vida sin titubear.

GALLEO. Es muy semejante al recorte y se ejecuta llevando el capote colocado sobre los hombros a modo de capa de vestir, y yendo al encuentro del toro para, aprovechando la arrancada del animal, cuartearlo en la cara describiendo un semicírculo, y burlar su acometida presentándole uno de los lados del capote, pudiendo encadenarse la sucesión de dos o tres lances de este tipo, continuando los desplazamientos en la cara del toro y presentando alternativamente a éste uno y otro lado del capote.

Hay además muchos modos de gallear las reses, según la situación de éstas.

GANAR (TERRENO). Dícese de los toros que ganan terreno embistiendo con fuerza y pisando el que está en la jurisdicción o alcance del diestro; es decir, metiéndose por el sitio en el que éste se halla colocado o por el que ha marcado su salida en las suertes. Hay toros que salen ya de toriles con esta inclinación, y por consiguiente se advierte que éste es su modo natural de acometer, y otros han adquirido durante la lidia dicho resabio. Para aquéllos no se necesita tanto cuidado como para los últimos; pero son todos de tanto peligro como los de sentido, si no se les da la lidia que requieren.

GAONERA. Se dice gaonera o la gaonera porque fue inventada por el mexicano Rodolfo Gaona, si bien éste dijo que se la vio ejecutar, en una lámina publicada en 1887 en tiempos de Isabel II, al gran diestro madrileño Cayetano Sanz. Sin embargo, justo es reconocer que fue el maestro mexicano quien la puso en práctica y la perfeccionó tanto en su tierra como en España, allá por el 1909.

Ésta se lleva a cabo de la siguiente manera: *Colocada la capa a la espalda se le presenta todo el vuelo al toro por un lado, hallándose el animal frente al torero, se le carga la suerte cuando llega a jurisdicción, entiéndase embarcar al toro con la capa cuando llega a la altura del espada y llevarle toreado y así se remata hacia fuera, al tiempo que se da media vuelta y de nuevo se le presenta la capa por el otro lado, repitiendo el lance tantas veces como el diestro considera oportuno.*

Añadimos nosotros que el maestro mexicano la solía rematar con un despliegue del capote, al que hacía describir un pequeño círculo en el aire, soltando una de las puntas, pero, a renglón seguido, con gran vistosidad y perfección, luego traerlo extendido alrededor del cuerpo, al tiempo que éste giraba, algo así como dejándolo en una serpentina.

GARROCHA. Vara larga para picar toros, que tiene cuatro metros de larga, cinco centímetros de grueso y una punta de acero de tres filos, llamada puya, sujeta en el extremo por donde se pica a los toros.

«GITANITO». Toro del hierro de «Torrestrella», de don Álvaro Domecq, que fue el gran acontecimiento de la temporada 1993, al ser el primer toro que consiguió ser indultado en una plaza de primera, Valencia, con el vigente Reglamento en mano. Ocurrió el 27 de julio en la séptima corrida de San José. Fue lidiado por el diestro de Albacete Dámaso González quien cortó las dos orejas simbólicas.

«Gitanito», número 73, de 485 kilos, negro bragado: toro para la historia de la plaza de Valencia y para el

Fotos de Luis Vidal (ABC) donde vemos a Dámaso González toreando el excepcional toro y dando la vuelta al ruedo con don Álvaro Domecq y Díez y el mayoral de «Torrestrella».

actual Reglamento ya que es el primer toro, fuera de una corrida de Concurso, que es indultado tras entrar en vigor dicho Reglamento. Un toro bien hecho, armonioso, reunido y armado. Tomó dos varas que se convirtieron en tres, pues así se comprobó tras la cura de rigor, una verdaderamente honda, y en la primera se empleó de verdad, aguntando un gran puyazo, ligeramente trasero, de «Pimpi de Albacete». Se le colocaron tres pares de banderillas y en su piel quedaron prendidas cinco.

Dámaso González lo lidió maravillosamente y le dio un total de setenta y seis muletazos con una y otra mano. El público, puesto en pie, pidió el indulto del animal que fue concedido por el presidente. «Gitanito» procede de una familia con otra res indultada, ya que su padre, «Perdigón», es hijo de «Ingresado», a su vez padre del toro «Bienvenido» de «Jandilla» que Enrique Ponce indultó en la feria de Murcia del año 1992. O sea, en la relación de parentesco resulta que «Gitanito» es *sobrino* de «Bienvenido».

GOLLETE (O GOLLETAZO). Se da este nombre a la estocada baja dada en la tabla del cuello del toro, y que, normalmente, termina con su vida de manera rápida, porque, entrándole en el pecho, le atraviesa los pulmones. No podemos admitir, en modo alguno, esta estocada, salvo que se trate de toros que se tapan aplomados aculándose en las tablas y ni salen con el engaño ni se echan al suelo.

Por lo demás, puede ocurrir que contra la voluntad del torero, el toro se salga del centro de la suerte en el momento de embestir y la estocada que aquél quiso dar en lo alto caiga baja o atravesada. No es culpa del torero, pero debe tratar, por todos los medios a su alcance, de evitarla. Es fea y los aficionados suelen criticarla con cierta dureza.

GREGORIANA. Se da este nombre a la armadura de hierro que cubre la pierna derecha del picador, debajo del calzón de ante, para librarse de las cornadas. Llámase así porque fue inventada por el célebre aficionado don

Gregorio Gallo, quien la dio el nombre de *espinillera,* lo cual nos hace pensar que en principio cubriría sólo la parte inferior de la pierna y aumentada después a la salvaguardia de toda, es la que en la actualidad la llaman *mona* nuestros picadores.

GUARDANÉS. Lugar o sitio donde se guardan las sillas y guarniciones de los caballos y mulas y todo lo demás perteneciente a la caballeriza. Sujeto que cuida de las guarniciones, sillas y demás aderezos de la caballeriza.

H

HACHAZO. Es el golpe que el toro da o tira con las astas al torero. Diferenciándose de la embestida en que en ésta la res baja la cabeza y en aquél la levanta; y de la cornada, en que para ésta es preciso y necesario herir. Diferénciese también del varetazo, en que éste es cuando da en el cuerpo del hombre y aquél cuando da en cualquier otra cosa.

HATO. Equipaje que llevan los maletillas cuando se dirigen en busca de tentaderos donde suelen llevar la muleta, el capote y demás utensilios. Ellos lo llaman hatillo.

HERRADERO. Acción y efecto de marcar o señalar con el hierro el ganado. Sitio donde se lleva a cabo esta operación. Cuando los becerros son jóvenes se les pone el hierro de la ganadería a que pertenecen. Este acto se llama *herradero.*

HIERRO. Es la marca a fuego que se pone a los toros, generalmente en el anca derecha, después de haber sido tentados a la edad conveniente.

HONDO. Se llama así al toro que, siendo muy corpulento, tiene las patas cortas en proporción a su corpulencia y altos el cerviguillo y cuarto trasero. Presentan hermosa lámina los de este trapío.

HORMIGÓN. Enfermedad del ganado. El toro cuyas astas en sus extremos o puntas se encuentran poco agudas o redondeadas, en menos proporción que las de los llamados mogones. Siempre los toros hormigones lo son a consecuencia de una especie de enfermedad o padecimiento que les corroe la delgada lámina que remata sus astas formando los pitones.

HORRO. Entre ganaderos, dícese de cualquiera de las cabezas de ganado que se conceden a los mayorales y pastores, mantenidas a costa de los dueños. Este nombre nació precisamente en la finca del duque de Veragua que, según se dice, fue uno de los primeros en imponer esta costumbre.

HUIDO. Se llama así al toro que busca la salida sin hacer caso al bulto ni engaño alguno. Generalmente los toros blandos al castigo, en cuanto se les castiga con la vara, vuelven la cara y terminan huyendo; pero algunas veces, toros que han salido del chiquero huyendo se han crecido y han acometido con codicia, especialmente si en el primer encuentro con el picador éste ha fallado el puyazo y aquél, sin castigo, ha podido cebarse en el caballo.

HUMILLAR. Dícese del toro que baja el testuz para dar la cabezada, para partir o escarbar, o bien cuando, herido por el estoque, se coloca así no tapándose.

I

ÍDOLO. Se llama así al torero o toreros que, por encima de ser excelentes profesionales, se convierten en auténticos ídolos de las masas. Por ejemplo, Manuel Benítez, «El Cordobés», Manuel Rodríguez, «Manolete», etc. Estos hombres han sido verdaderos ídolos de los públicos más variados.

Son personas a las que se ama y se odia o envidia al mismo tiempo.

IGUALAR. Cuadrar al toro para la suerte de matar. No está cuadrado hasta que no junta las manos y las patas. Es entonces cuando se dice: *Está cuadrado.*

INFERIR. Cuando se trata de heridas por asta de toro se suele decir que *le ha inferido una herida de veinte centímetros...* No es muy corriente pero se suele dar tras algunas cogidas.

INICIACIÓN (Y REMATE). Todos los pases precisan del cite por parte del torero, por lo que es imprescindible que el toro esté parado, ya que, en caso contrario, sería «pase al relance», muy escaso en mérito y calidad.

IRSE (POR CARNE). Se dice cuando, por ceñirse demasiado el toro, al colocarse en la suerte de matar, le entra la espada por el lado izquierdo sin profundizar, o solamente pinchándole, sin consumar la suerte ni dar verdaderamente la estocada, a la cual llaman los toreros, con cierta guasa, como al principio señalamos. Es, en una

Antonio Chenel, «Antoñete», aparece citando para el pase natural. Toda la majestad del toreo queda plasmado en ese pase personalísimo que reúne las más puras esencias del arte, con el que remata una serie en redondo Cayetano Ordóñez, padre, el famosísimo «Niño de la Palma», creador de una dinastía torera.

palabra, meter el estoque poco más adentro que entre cuero y carne, pero en igual dirección.

J

JABADO. Se dice de aquellos toros cuando en su capa se presentan pelos de diversos colores, normalmente en forma de escamas no muy fácil de advertir.

JABONERO. Es el toro cuya piel, aunque blanca, es sucia y tira a un color amarillento, no tan limpio como el del caballo que se llama perlino. Es la gradación o color medio entre el «ensabanao» y el «barroso»; pero téngase en cuenta que no hay que confundirle con el «albahío», siempre más limpio y pajizo que el jabonero.

JINDAMA. Es una palabra empleada en el *caló* gitano para designar el miedo o cobardía de los suyos que rehuyen, por ejemplo, la pelea a cuchillo. En los toros se llama así al torero que durante la lidia demuestra miedo declarado. Por ejemplo, Curro Romero o Rafael de Paula, ambos verdaderos artistas, pero cuando les llega el miedo lo reflejan a las claras sin intentar ni siquiera disimularlo como hacen otros profesionales. Se dice de ellos: *Tiene verdadera «jindama».*

Está demostrado que, aunque un torero sea un gran artista, cuando le entra «jindama» pierde los *papeles* y se defiende como puede, aunque en la mayoría de los casos, sea peor el remedio que la enfermedad. Y es que correr es la peor de las defensas y, en términos generales, llega la cogida.

JIRÓN. Nombre que se da al toro de pelo uniforme pero con una mancha blanca en su cuerpo, aunque sin llegar a berrendo.

JURISDICCIÓN. Es el lugar que marca el torero al toro para que llegue y entre en él, a fin de consumar la suerte proyectada en el centro de los terrenos de diestro y toro. La jurisdicción o terrenos es sumamente importante conocerlos para el torero.

L

LACERO. Se trata de todas aquellas personas con destreza en el manejo del lazo para apresar los toros.

LANCE. Se llama así los diferentes incidentes que ofrece la lidia. Sin embargo, en el tecnicismo especial y exclusivo de los aficionados a los toros, esta palabra queda limitada a significar única y exclusivamente a los momentos de la lidia referidos al capote.

LARGA-S. Llámanse salidas largas o cortas, las que, merced al capote o la muleta, se hacen dar al toro al despedirle de la suerte de varas o de los pases que para prepararle para la muerte se le dan.

LARGA (CAMBIADA DE RODILLAS). Es una suerte en la que esperando al toro de frente y de rodillas, con el capote extendido sobre el suelo y delante del torero, al embestir el toro, se le da salida por el lado contrario al de la mano que mantiene el capote, haciendo que éste despliegue su vuelo con un movimiento de muñeca y brazo que haga salvar las situaciones difíciles que se puedan plantear.

LAVADO. No es un término muy usual, pero se aplica al toro que tiene la capa, en toda o en parte, desvaída de su color natural, como si hubiera sido lavada, yéndosele el color en todas partes o en algunas determinadas. Normalmente se suele ver mejor en el vientre, dorso o nalgas.

Lorenzo Garza, aquel mexicano inolvidable, fue captado en uno de los momentos más emocionantes de sus últimos triunfos antes de retirarse del toreo. El genial dibujante Ruano Llopis, testigo en México de los éxitos arrolladores del diestro de Monterrey, dejó plasmado en este dibujo todo lo bravo y temperamental del maestro mexicano.

LEONADO. Llámase a la capa del toro rubia oscura, casi del mismo color del león, aunque no se puede confundir con el color «aleonado».

LEVANTADO. Desígnase de esta manera al toro ligero, corretón, que cuando haga por todos los objetos, lo verifica sin fijarse ni detenerse con ninguno. Siendo éste el primer *estado* del toro al salir de los chiqueros, es muy general que pase pronto de él al segundo en cuanto se le castigue. También a la posición en que el picador coloca su montura cuando quiere picar a caballo levantado; suerte bastante difícil que practicó por primera vez el célebre «Corchado».

LIAR. Es el acto de envolver el matador la muleta alrededor del palo de la misma, lo cual verifica cuando, después de haber pasado al toro, se dispone a darle la estocada. Debe liarse de modo que el vuelo de la muleta resulte vuelto al final del palo por la parte más cercana a la cara del toro. Ahora, no sabemos qué motivos especiales tienen para ello, los toreros lían muy poco, dando solamente una vuelta a la muleta.

LIBRA-S. Se da este nombre al toro de libras, o de romana, al que, como la palabra indica, es corpulento y de carnes proporcionadas a su tamaño.

LIBRE (DE CACHO O FUERA). Se dice del banderillero o el espada cuando ejecutan sus respectivas suertes poniendo las banderillas o dando la estocada después de que el toro ha pasado la cabeza de la jurisdicción de aquéllos, y por consiguiente ha de dar la cabezada más adelante, es decir cuando es muy difícil que les pueda coger. Ahora bien, si es cierto que esto favorece a los toreros, al mismo tiempo se están infringiendo todas las normas y reglas del toreo.

LIGEREZA. Es una de las primeras cualidades que ha de poseer el torero; pero no la ligereza o vivacidad del atolondrado, sino la de la fuerza o seguridad en los movimientos, con perfecto conocimiento de lo que ejecuta.

LISTÓN. Se suele llamar listón a los toros que tienen la piel en la parte superior, distinta al resto de su cuerpo. Sin embargo, solamente debiera designarse así al toro que tiene la piel que cubre la espina dorsal de distinto color al resto de la misma, pero entiéndase que no ha de ser el ancho de la lista mayor que el de unos seis centímetros, y que no ha de estar cortado o interrumpido desde el nacimiento de las astas al de la cola.

LLAMADA. Es la que se hace al toro por parte del torero para que acuda a la suerte que en ese momento intente hacer. Esto lo puede hacer con la voz alegrándole a alguna distancia, o bien pisándole el terreno en corto, como sucede, por ejemplo, cuando se cita para la verónica en corto o para torear en redondo con la derecha.

«LLAVERO». Citamos aquí el nombre de este toro por la circunstancia especial que en él se dio ya que se le perdonó la vida por su bravura y nobleza. Era de la gana-

La imagen es impresionante. Temporada 1908-1909. Plaza «El Toreo». Corrida del 7 de marzo. Una de las figuras que sirvieron como base del cartel para las referidas temporadas, lo fue sin duda ninguna, el matador de toros, Manuel Mejías Rapela, «Bienvenida», al cual, el crítico «Don Modesto», bautizó con el nombre de «El Papa Negro» de la Tauromaquia.

dería de don Nazario Carriquiri y fue lidiado en la plaza de toros de Zaragoza durante las fiestas del Pilar de 1860, concretamente el día 14 de octubre, y mereció, a petición del público, ser retirado al corral sin que el torero le entrara a matar por haber tomado en toda regla el asombroso número de *cincuenta y tres puyazos* sin volver la cara y derribando, perdonando la vida al picador ya que cuando caía en su misma cara, dejaba de embestir.

LLEGAR. Se suele decir que el toro *llega* cuando alcanza al caballo, dándole cornadas a la primera embestida. Unos son de poder y dureza, y otros sin tener estas condiciones pero que al arrancar de lejos, derriban y cornean al animal de la misma manera ya que el picador es muy difícil que se pueda defender.

LOMBARDO. Dícese del toro que, siendo negra su capa, se inclina un poco a mate sin formar manchas especiales o separadas, teniendo además el lomo a parte de él de color castaño claro.

LOMIPARDO. Es una pinta de toro muy parecida a la del aldinegro y, como el nombre indica, ha de ser pardo el lomo de la res, pero más oscuro que éste el resto de su piel. No debe confundirse, como sucede en algunos cronistas en estos momentos, con el lombardo.

LUCERO. La res tiene en su frente una mancha blanca, sin importar el tamaño de la misma.

M

MAESTRO. Se llama así a los toreros que son verdaderamente reconocidos con auténtica capacidad e inteligencia en el desarrollo de su profesión y que toda la afición respeta. Por ejemplo se llama maestros a don Domingo Ortega, a don Antonio Bienvenida, incluso después de muertos. También se suele llamar maestro a los toros que, al herir a sus compañeros de camada, lo hacen siempre con el mismo pitón, *es un maestro a la hora de cornear con el pitón derecho,* afirman los vaqueros.

MANO (A MANO). Se da este nombre a la corrida en la que solamente actúan dos matadores.

MANOLETINA. Lleva el nombre del diestro cordobés, Manuel Rodríguez Sánchez, «Manolete», porque éste la perfeccionó y la hizo suya, pero anteriormente la había dado Domingo Ortega. Consiste en citar al toro de frente, llevando la muleta a la espalda, sujeta por la mano derecha y la izquierda y sacando el engaño por el lado derecho al embestir el animal y retirando hacia atrás la muleta, en un primer tiempo, como si de un natural se tratara dado con la derecha para rematar sacándola por encima de la cabeza del toro, a la manera del pase natural por alto, con la derecha, girando simultáneamente el cuerpo del torero, en sentido contrario a la embestida del toro, para colocarse de nuevo frente a él, al revolverse el animal y así poder repetir el pase, como suele acontecer, encadenándolos o ligándolos en serie.

Es algo que se practica con mucha frecuencia, aunque no siempre se lleva a cabo bien.

Manoletina según dibujo de J. Cros Estrems, al mismísimo Manuel Rodríguez «Manolete».

MANSO. Aplícase a los toros que no embisten por no ser de raza brava. A los que, siendo de raza, mansean durante la lidia; también se da este nombre a los bueyes de guía.

MARCAR (LA SUERTE). Se da este nombre al picador que pone la vara sin apretar con la puya; a los banderilleros, cuando señalan el punto en que deben poner los palos sin engancharlos; y en los matadores, fijar el sitio en que deben clavar el estoque. Por ejemplo, lo que se hace en Portugal: se señalan las suertes pero no se llegan a ejecutar. O en España cuando en los tentaderos se les pide a los matadores que entren a matar simulando la suerte y éstos lo hacen con la mano o con el palo de una banderilla.

MARIPOSA (LA). Situado el torero frente al toro, con el capote a la espalda, al acudir la res al cite, se va flameando alternativamente a cada costado al tiempo que se corre hacia atrás.

Es muy bella y tiene gran mérito. Se debe al torero madrileño, ya fallecido, Marcial Lalanda.

MARRAJO. Se dice del toro de sentido, el que embiste con verdaderas ganas de herir. La Academia lo aplica diciendo que se trata de los toros que dan el golpe seguro.

MARRAR. Dícese de aquellos toreros quienes, contra su voluntad, no ejecutan las suertes que intentaron. Por ejemplo, el picador falla con la vara, el banderillero con las banderillas y el matador no consigue la estocada.

MATADOR-RA. Se aplica este adjetivo a los matadores de alternativa por matar precisamente toros.

MAYORAL. Es el encargado de cuidar una ganadería, quien en representación del dueño de la misma tiene a sus órdenes a los vaqueros y demás mozos de campo.

MAZORCA. Se llama así a la especie de rodete que se forma en la parte inferior del cuerno del toro cuando se le cae, a la edad de tres años, la delgada lámina que tapa sus astas.

MEANO. Toro que, siendo de pelo oscuro, tiene blanca la piel que cubre el balano.

MEDIA (VERÓNICA). Es dejar la verónica en su mitad y se emplea para rematar una serie de éstas y llevándose la capa ceñidamente al costado. Fue Juan Belmonte el primero en practicarla y lo hacía de tal manera que causó la admiración de todos los aficionados.

MEDIOS. Se llama así a los terrenos más cercanos al centro del redondel donde pocas veces se ejecutan las suertes. Cuando el toro se coloca en este lugar y, tomando

Aquí vemos a Marcial Lalanda en el lance de la «Mariposa», así bautizada por el crítico «Don Ventura».

querencia a él no acude a la llamada del torero, se dice que esta «emplazado».

MEDROSO. Se da este nombre al torero que demuestra excesivo miedo y no ve claro nada de lo que hace con un toro. Infunde inseguridad. También se dice que tiene «jindama» que es lo mismo que «estar muerto de miedo».

MEJORAR (LOS TERRENOS). Es cuando el lidiador, por cualquier circunstancia o acto anterior, se encuentra colocado en los terrenos de dentro o al menos demasiado encerrado en las tablas y, con el fin de evitar una cogida o de ejecutar bien una suerte, sale del lugar en que se hallaba, y usando el capote o la muleta, cambiándolos, da algún quiebro hasta que se sitúa en el lugar mejor.

METERSE (CON LOS TOROS). Se da este nombre a los matadores que se meten bien en el centro de la suerte, ciñéndose mucho con la muleta y a la hora de matar. En los picadores cuando éstos castigan en corto y por derecho, colocándose bien en la suerte; y en los banderilleros, también cuando se meten en el terreno del toro y le clavan las banderillas, al tiempo de humillar, con más proximidad que otros al cuerpo del toro.

MOGÓN. Lleva este nombre el toro que tiene rota, y por tanto roma, cualquiera de las dos puntas de las astas o las dos a la vez. No deben pasar estos toros en una plaza. La Real Academia llama así a la res a quien le falta un asta o que la tiene gacha o caída. Nos parece que esta definición es bastante incorrecta y con la cual no podemos estar de acuerdo.

MOHÍNO. Llámase *negro mohíno* al toro cuya pinta es como la del «azabache», incluso el hocico.

MOLINETE. Como muy certeramente nos explicó en su tratado «Los Toros», don José María de Cossío, el pase llamado molinete no es sino una manera de rematar el pase natural por bajo o el normal, lo mismo que el cambiado o que el ayudado. Cuando el toro llega al centro de la suerte y se le ha indicado la salida, el diestro gira sobre sus pies en dirección contraria a la del viaje del toro, que al revolverse, encuentra al diestro ya de frente y preparado para la nueva acometida.

MONOSABIO. Mozo que ayuda a los picadores en las plazas de toros.

MONTERA. Prenda para protección de la cabeza, que generalmente se hace de paño y conjunta con el traje de luces.

MOÑA. Adorno de cintas, plumas o flores que suele colocarse en lo alto de la divisa y va colocado sobre el hierro que se clava en el cerviguillo del toro. Solamente se usan en las de lujo. Lazo de cintas negras que, sujeto a la coleta, se ponen los toreros en la parte posterior de la cabeza cerca de la coronilla, aunque en los últimos años ha tendido a bajarse bastante, el cual forma parte del traje y que, aunque parece algo sin demasiada importancia, es algo que adorna bastante.

MORRILLO. Porción muy pronunciada de carne que tienen los toros en la parte superior y anterior al cuello.

MOZO (BUEN). Se suele decir buen mozo a un toro grande y de excepcional trapío.

También se llama mozos a quienes cuidan de las cuadras de caballos, de éstos y auxilian a los picadores a montar, colocar estribos. Igualmente se les conoce como *monosabios.*

MOZO (DE ESTOQUES). Se da este nombre a quien cuida de las espadas del matador, viste a éste con su correspondiente ayuda en algunos casos, y le sirve como hombre de confianza. Un buen mozo de estoques o espadas, que de ambas maneras se les puede llamar, no tiene precio para un torero.

MUECO. Pilarote o trampa de madera que sirve para embolar los toros y, en los últimos años desgraciadamente, para llevar a cabo las prácticas del *afeitado.*

MULETA. Es el engaño que usa el diestro para la suerte de muleta y a la hora de matar, comúnmente encarnado. Con él engaña y torea a los toros y hace que éstos bajen la cabeza a la hora de matar. Es la base del toreo actual. La inventó Francisco Romero, el de Ronda, padre de Pedro. Consiste en un capote más corto que el de correr los toros o toreo de capote y, que doblado por la mitad, o sea, punta con punta, se coloca en un palo de unos cincuenta centímetros de largo, del grueso de las banderillas, que tiene en el remate exterior una pequeña varola con un hierro en el que encaja por medio de un ojete abierto en la tela, la parte correspondiente al sitio donde debiera estar el cuello del capotillo; y como el diestro recoge las puntas para cogerlas con el extremo del palo al mismo tiempo que éste, queda formando el todo un cuadro, lamido únicamente uno de sus ángulos (el inferior más cercano al diestro) por la forma redondeada que antes hemos dicho; de modo que la parte exterior es más larga y toma todo el vuelo que el matador señala al extenderla. No hay defensa mejor para el torero que la muleta bien manejada.

Es, en definitiva, la defensa más personal del torero y una manera de crear auténtico arte.

N

NATURAL. Es un pase dado con la muleta en la mano izquierda y que se suele ejecutar así: sujeta la muleta con la mano izquierda y abierta ante la cara del toro, se deja que éste la embista y al llegar a ella, extiende el diestro el brazo hacia atrrás con sosiego, describiendo con los vuelos de la muleta un cuarto de círculo a la vez que se imprime a los pies el movimiento preciso para que una vez terminado el pase quede el diestro en posición de repetirlo.

El pase natural es con la izquierda y se sigue discutiendo aún tras muchos años, si se puede dar con la derecha. Se llama así, en primer lugar, porque se manda al toro hacia el mismo lado cuya mano tiene la muleta el torero. Es decir, que se da salida al animal por el lado natural o normal, dada la posición de toro y torero. La base fundamental para que se llame así es que el torero no debe ayudarse con la espada y es pilar fundamental de toda faena de muleta, y en la evolución seguida hasta pasar del toreo como expresión de lucha, combate y en cierto modo caza del toro, al noble juego de armonía, ritmo y plasticidad que es hoy el arte de torear, ha seguido los mismos avatares de las restantes suertes.

Los ejemplos con la mano derecha se suelen llamar derechazos o muletazos con la derecha. La verdad es que

Sebastián Palomo Linares, torero en activo este año de 1993, toreando al toro de Atanasio Fernández, negro zaino, llamado «Cigarrón».

en estos momentos en una faena, salvo excepciones, se suele usar más la derecha que la izquierda.

NAVARRA. Suerte de capa, tan airosa o más que la verónica. Puede ejecutarse, aunque no perfecta, casi con todo tipo de toros; pero es peligroso hacerla con los toros que tengan mucho sentido.

Consiste, según la *Tauromaquia de «Guerrita»*, en colocarse el diestro como si fuera a torear a la verónica y una vez marcada la embestida de la res, se comenzará a tender la suerte hasta que ya entrada en jurisdicción, estando bien humillada y pasada la cabeza, el matador retira el capote por debajo y da una vuelta en redondo hacia el lado contrario al que haya marcado la salida, volviéndose a quedar frente al toro.

Hace algún tiempo estuvo en desuso pero, por fortuna,

se han vuelto a recuperar para bien de la fiesta y de los aficionados.

NEVADO. Se llama así al toro o novillo que, sea cualquiera el color del fondo de su piel, tiene en ella, más o menos abundantes, manchas blancas pequeñas, lo más de media pulgada de extensión. No debe el aficionado equivocarse con el sardo y mucho menos con el berrendo.

NOBLE. Es igual que boyante. Es decir, un toro noble y de clara embestida para el torero, que no quiere decir que sea «tonto».

O

OBEDECER. Se llama así cuando el toro acude prontamente al engaño y, empapado en él, sigue la dirección que se le marca por el espada.

OBSERVAR (EL VIAJE). Es muy común en los toros de gran sentido y aun en los recelosos, que por demasiado blandos al hierro se colocan en defensa descarada, acudir al engaño arrancando con ímpetu, y a los dos pasos pararse de pronto y quedarse mirando el viaje o carrera del torero. Lo mismo se dice si el toro, observando el viaje que trae hacia él un banderillero por ejemplo, se espera sin arrancar hasta que cree posible coger el bulto. No es lo mismo que derramar la vista, porque esto no es fijarse precisamente en un objeto parado, sino en el que se mueve.

OJALAO. No es muy corriente este tipo de toros, pero existen. Se trata de algunos toros que tienen la piel de alrededor de los ojos, en una circunferencia de uno o dos centímetros, de distinto color al de la cabeza.

OJO DE PERDIZ. El toro que, a semejanza de aquella ave, o sea, la perdiz, tiene el cerco de los ojos encarnado encendido terminando casi en sangre.

OLIVO (TOMAR EL). La acción de saltar la barrera sin que se tenga necesidad de ello. Sólo debe tomarse en caso de absoluta necesidad y grave peligro, y es muy feo y deslucido en un espada si lo verifica especialmente en la suerte de matar y con la muleta en la mano. No es corriente esto último, pero sí se está poniendo de moda en los matadores que ponen banderillas y en los novilleros.

OREJERO. Se llama así al par de banderillas que está colocado muy cerca de las orejas de la res. Merece censura el diestro que las coloque así. Es muy negativo para el toro a la hora de embestir.

P

PADRINO. El acompañante, primer espada en las alternativas, que cede su puesto al nuevo doctor en tauromaquia.

PALA. Se da este nombre a la parte anterior externa del cuerno del toro. El golpe que da con esta parte del asta produce la contusión que se llama varetazo. En Andalucía en lugar de varetazo lo llaman palotazo.

PALOS. O palillos, palitos y palitroques, son palabras que se usan indistintamente en vez de la de banderillas.

PAÑOLETA. Corbata estrecha de nudo y del color de la faja, que se ponen al cuello los toreros con el traje de luces. También se llama corbatín.

PARADA. Sitio o lugar donde se recogen o juntan las reses bravas en el campo. Normalmente recodos, cerca de algún árbol, etc.

PARADO. Normalmente se llama así al segundo de los tres estados que tiene el toro en la plaza, que es precisamente el mejor para hacer con él toda clase de suertes, puesto que ya no está *levantado* como en el primero, sino que se fija bien en los objetos y además, sin faltarle pies, no tiene tanta ligereza ya, porque las primeras varas, los capotazos o los recortes que haya sufrido se las hayan quitado en parte. Debido muchas veces a dichos castigos, suelen los toros en este estado mostrar inclinación a determinadas querencias de las que cuesta trabajo apartarlos.

Muchas veces, aunque parezca extraño, los toros se malean por la pésima lidia que se les da desde el principio.

PARAR. Es esperar con sangre fría y templada serenidad la acometida del toro en todas las suertes que con él se intenten; así que el torero que pare bien, tiene mucho ganado para llevar a cabo las suertes que se proponga. Nada hay más seguro ni de mejor efecto que un lidiador con el capote o la muleta pasando al toro y sin mover los pies más que lo absolutamente indispensable para girar casi con los talones; nada más bonito que el momento en que el banderillero *para* cuadrando para meter los brazos, y nada tan magnífico como el acto de citar el espada al toro, arrancar éste, *parar* aquél los pies y matarle recibiendo. Por desgracia en la actualidad no existen muchos maestros que tengan presente esto.

PAREAR. Es poner banderillas dobles, o sea, a partes y no una a una, como muchas veces vemos que se ponen en las plazas bien por falta de profesionalidad, bien por miedo. Naturalmente, existen muchas maneras de poner las banderillas y todas ellas son muy lucidas, sobre todo si se llevan a cabo con la mayor perfección.

Poner las banderillas en todas sus vertientes.

PARTIR. El acto de arrancar el toro directamente al objeto que ha llamado su atención.

PASARSE. Cuando el banderillero sale con el par de banderillas hacia el toro y éste le corta el terreno, o se queda, aquél pasa por delante de la res sin clavar las banderillas. También se llama pasar en falso.

PASEÍLLO. Es cuando se va a dar comienzo a la corrida y los toreros con sus correspondientes cuadrillas, inician la salida en perfecto paseíllo. Cuando algún torero va descubierto, es decir, desmonterado, es que torea por primera vez en esa plaza y cuando lo hacen todos, es señal de luto.

PASES. Se llama así a cada una de las veces que el torero, muleta en mano, después de haber citado al toro y éste le embiste, hace pasar al toro con una u otra mano.

Hay, naturalmente, diferentes pases de muleta que por su extensión no vamos a citar aquí, tampoco es necesario.

PASO DE BANDERILLAS. Es la suerte de matar que se realiza como si se fueran a poner las banderillas. En la actualidad está muy en desuso, pero alguna vez se suele dar.

PASTUEÑO. Dícese del toro de lidia que acude y embiste sin demasiado ímpetu y sin que el torero se pueda *fiar* de él. Está entre el manso sin peligro y el traicionero.

PEGAJOSO. Es el toro *que se ciñe,* es aquel que, aunque toma cumplidamente el engaño, se acerca mucho al cuerpo del diestro y casi le pisa su terreno. Es muy común en esta clase de toros la inclinación a embestir y a recargar de nuevo; por lo cual el diestro debe tener cuidado, *verle llegar* y estar preparado.

PELEA. Del mismo modo que algunos llaman a la lidia de toros faena, otros la llaman pelea. Parécenos que esta palabra, que usan comúnmente muchos aficionados, no es, como la faena, la más adecuada para marcar la *lidia.* Ésta se debe entender, en general, para toda clase de suertes: *faena,* sólo para el trabajo que el matador emplea para preparar el toro, y *pelea* para el del picador que intenta castigar la pujanza de aquél.

PELECHAR. Se dice que un toro pelecha cuando cambia el pelo basto de invierno por el fino de verano, lo cual sucede en primavera al tomar las primeras hierbas del año.

PELO. No se suele calificar el de los toros bravos por el color, sino por la clase de pelo, que puede ser fino, lustro, basto, etc., (véase PINTA).

PEÓN (DE BREGA). Es el torero al que se llama igualmente subalterno y que tiene como misión principal ayudar al matador durante la lidia. Normalmente son novilleros frustrados e incluso matadores que, al no ver claro el porvenir como tales, se quedan en el escalafón inferior.

PERDER (TERRENO). Es cuando el torero, sea por salirse a tiempo de una suerte, o por no consumarla bien, queda casi en el sitio que debía ocupar el toro, o al menos en el terreno de dentro, del cual debe salir cuanto antes de la mejor manera posible.

«PEREGRINO». Nombre del toro que inutilizó a Antonio Sánchez, «El Tato», en la tarde del 7 de junio de 1869, cuando en la plaza de Madrid se celebraba oficialmente la promulgación de la Constitución democrática. Era el cuarto toro de la tarde, de la ganadería de don Vicente Martínez, vecino de Colmenar Viejo, con divisa morada, castaño de pies y bien armado; fue abanto, tomó seis varas, tres pares de banderillas, y «El Tato», después de seis soberbios naturales, cuatro con la derecha y uno por alto, dio una estocada corta a volapié ligeramente atravesada, una en hueso lo mismo, y un gran volapié, en cuyo acto fue enganchado y volteado por *Peregrino,* que no hizo más caso del espada, como queriendo perdonarle la vida.

PERFILARSE. Colocarse de perfil el torero para ejecutar la suerte de matar. Perfilarse no es precisamente tener de lado todo el cuerpo, sino formar línea recta con la cabeza del toro, de manera que el costado está en rectitud del asta del animal.

PIAL. En algunos lugares de España, casi en todos los lugares donde hay ranchos en Buenos Aires, se llama así al hierro que, enrojecido al fuego, sirve para marcar los becerros.

PICAR. Picar a los toros es fundamental para la lidia en su conjunto. En primer lugar, ha de procurar el picador conocer el *estado* en que se encuentre el toro, saber qué condiciones tiene el caballo, al que habrá *probado* antes de salir al ruedo y colocarse bien para que, en ningún caso, quede descubierto y a merced del toro, le entre cómo le entre. Un buen picador puede hacer bueno a un toro malo. También puede suceder todo lo contrario.

PIERNAS. Se dice casi siempre de las de los toros. Para significar que corre mucho, se usa la frase de que un toro tiene muchas piernas; y al contrario, falto de ellas al que apenas se tiene en pie, como sucede con bastante frecuencia en los últimos años.

PIES. Se llama así al toro de muchos *pies* que corre velozmente. Se dice que un torero para los pies cuando se coloca en la suerte y no las mueve hasta que la ejecuta de la mejor manera posible. Y salir por pies, al buscar en la huida, la salvación de una cogida.

PINTA. Es el color de la piel del toro, a la que se dan diferentes nombres, según las diversas combinaciones de aquélla.

PITÓN. El extremo superior del asta o cuerno del toro, o sea, la punta de aquélla en una longitud de dos a cuatro centímetros.

PLAYEROS. Llaman así a los toros corniabiertos y mal armados.

PRENDER. Dícese prender banderillas o rehiletes, lo mismo que clavarlas; pero en nuestro concepto, quiere decir que las primeras quedan prendidas, o sea, sin caerse, y del otro modo pueden perfectamente ser clavadas y caerse o desprenderse de la piel del animal.

PRESIDENCIA. Dignidad, empleo o cargo. Autoridad civil superior de las provincias; alcaldes de los pueblos, etc. Por desgracia, y a pesar de que muchos están asesorados por profesionales del toreo, es demasiado frecuente que unos y otros ignoren de todo punto hasta lo más insignificante de los accidentes de la lidia y modo de dirigirla.

PUNTAZO. Llámase así a la cornada poco profunda y de poca extensión que da el toro al diestro; la misma palabra denota que solamente penetra la punta del cuerno.

PUNTILLA (O CACHETE). Es el instrumento con que es rematado el toro si no muere de una estocada, y aún en este caso se le remata. No debe dársele si no está echado el toro. Es de unos treinta centímetros de largo: catorce el mango, que es de madera, y dieciséis el hierro, incluso la lengüeta, y se introduce a golpe entre las dos astas, en medio de la parte del cerviguillo y detrás de aquélla, cortándole instantáneamente lo que se llama el cabello.

PUNTILLERO. Cachetero, persona que da el remate al toro cuando éste se echa. Los hay tan prácticos que se convierten en auténticos ídolos. En Madrid hubo uno excepcional: Agapito Rodríguez.

PUNZÓN. Era una lanza larga y grande que parece se usaba aún en el siglo pasado para dar muerte a los toros cuando se aplomaban y no embestían, en vez de la media luna que después se inventó. También se llama así al pitón, o sea, al cuerno que empieza a salir.

PUYAZO. El que da el picador al toro con la garrocha. Debe ponerse ésta en lo alto del cerviguillo, cerca de los encuentros o cruz de la res, empujando para detener a ésta si es posible, y en todo caso procurando echarla por delante del caballo. El puyazo, sea cualquiera la ocasión en que se dé y la clase de toros que lo reciban, será siempre malo si está bajo o trasero.

Q

QUEDARSE. Dícese que el toro se queda en la suerte cuando, antes de que ésta se consuma, se para en el centro de los terrenos y obliga al diestro a salir en falso. En estos casos debe el torero observar bien las reacciones del toro antes de tratar de hacer nada.

QUEMAR. Es cuando se le aplican el toro banderillas negras por no haber entrado al caballo para ser castigado en varas.

QUERENCIA. Se llama así al sitio de la plaza en que el toro gusta emplazarse con preferencia, y a donde va a parar después de cualquier suerte. Hay querencias naturales y accidentales. La primera son las puertas de chiqueros y las otras son las que toman cualquier sitio, al lado de un burladero, al de una puerta de salida, etc. En estas condiciones siempre es difícil y peligroso hacerse con un toro querenciado.

QUIEBRO. No debe confundirse el recorte con el quiebro. Éste no es suerte como aquél, sino un accidente esencial en muchas de ellas. Consiste el quiebro de cuerpo en inclinar éste muy marcadamente al lado derecho o al izquierdo, sin mover los pies o moviéndolos muy poco atrás, sólo lo bastante para colocarlos en compás cuadrado o en un paso corto de costado.

QUITE. Cuando un torero es alcanzado por un toro o cuando, siendo picador, ha caído al suelo y puede verse

Magnífico dibujo de Giralt Lerin en el que nos muestra muy a las claras lo que es un quite. El picador ha sido descabalgado y el toro hace por él, pero de inmediato aparecen dos capotes salvadores: uno que se dirige a la parte delantera para taparle la cara antes de que llegue al picador y el otro hacia los cuartos traseros para provocarlo por atrás. El detalle se refiere a la plaza de Madrid.

en peligro, debe acudir inmediatamente cualquier otro lidiador de a pie, con o sin capote, pero mejor con él, y llamar la atención de la fiera rápida y tenazmente hasta que, haciendo de nuevo por el objeto que se interpone, pierda de vista al que estaba en peligro. Al acto de esta operación se llama *quite* y debe hacerse de la manera más rápida posible. Un segundo de pérdida puede ocasionar una muerte.

En cualquier caso, el que haga el quite procurará dar salida al toro por el lado contrario al que esté en peligro, sin revolverle en corto, para que no vuelva a encontrarse en la anterior posición.

R

RABEAR. Dícese del toro que menea el rabo hacia una u otra parte durante la lidia. *Ese toro* —se dice con bastante frecuencia— *no deja de rabear.* En general, se tiene el concepto de que estos toros son buenos.

RABICANO. Es un adjetivo que se emplea para designar a los toros que tienen cercas blancas en el rabo.

RABICORTO. Se llama así al toro o novillo que tiene el rabo corto, si bien no llega a ser colín.

RABÓN. Se designa con este adjetivo al toro que tiene el rabo más corto de lo ordinario, sin que éste haya sido cortado.

RABUDO. Es, en todos los sentidos, lo contrario de lo dicho anteriormente. Es decir, son aquellos toros que tienen el rabo un poco más largo de lo normal.

RASGAR. Se llama así a la mala dirección que da el picador a la vara, corriéndola por la piel en vez de ahondarla picando por derecho y lo más perpendicularmente posible, o cuando por ser los topes de la puya excesivos entra ésta entre el cuero y la carne, levantando la piel, se dice muy propiamente que se ha *rasgado* al toro. Los sevillanos, con la gracia que en general les caracteriza, cuando sucede esto dicen muy guasones: *Osú, ya ha «rasgao» al toro, ya nos ha «joío».* Con ello quieren decir que, a partir de ese momento, el toro irá a peor.

Y no les falta ninguna razón.

REBARBO. Los toros que, siendo su piel oscura al menos en la cabeza, tienen el hocico blanco. Algunos aficionados, incluso algún especialista en temas taurinos, llaman lo mismo al que, además de dicha circunstancia, posee el extremo de la cola blanca; pero aun con esta condición, si no tiene la de ser blanco el hocico, no puede llamársele, en modo alguno, *rebarbo.*

RECARGAR. Es el acto en el cual el toro después de tomar la vara, lejos de salirse de la suerte, insiste en apoderarse cada vez más del bulto y sigue embistiendo hasta que logran separarlo, sin temor al castigo, sino creciéndose a él.

RECIBIR. La suerte de matar los toros recibiendo es la suprema del toreo y la que han considerado más difícil los estudiosos y los toreros. Vamos a reseñarla, como lo hicieron «Pepe-Hillo», «Paquiro» y Manuel Domínguez, «Desperdicios». «Pepe-Hillo», en su *Tauromaquia,* edición 1804, que es la corregida y aumentada dice en la página 79: *En la suerte de muerte debe el diestro situarse a la derecha del toro, casi enfrente, con la muleta baja y recogida a medida que fuese necesario, y el estoque en la mano derecha, pero la tendrá como reservada hasta el preciso momento en que, embistiendo este último a la muleta, le dé la estocada para mayor seguridad.* Por su parte, Francisco Montes, «Paquiro», nos dice: *Se situará el diestro en la rectitud del toro, a la distancia que le indiquen las piernas, con el brazo de la espada hacia el terreno de afuera, el cuerpo perfilado igualmente a dicho terreno, y la mano de la espada delante del pecho, formando el brazo y la espada una misma línea, para dar más fuerza a la estocada, por la cual el codo estará alto y la punta de la espada mirando rectamente al sitio en que se quiere clavar.* Y, como final, «Desperdicios», en marzo de 1875, dijo al respecto: *Para matar a un toro recibiéndolo, debe situarse el matador derecho y perfilado con la pala superior del cuerno derecho, teniendo cuidado de que el toro coloque las manos y las patas juntas, y el cuerpo derecho en el terreno que se crea conveniente, citando a corta distancia, y* *cuando el toro tenga la cabeza levantada y preparada, con el objeto de traerlo por su terreno, y luego que llegue a jurisdicción, se hará el quiebro de muleta hacia la parte del terreno del toro, con lo cual debe quedar el matador fuera del embroque, y entonces es cuando debe aprovechar la ocasión de meter el brazo cuando el toro humille la cabeza, pero sin adelantar la suerte ni mover los pies.*

RECOGER. Es el acto de levantar el toro del suelo con las astas cualquier bulto derribado o no por él. También se da este nombre cuando el torero con el capote o muleta empapa bien al toro y, al darle salida, le hace volver siguiendo los vuelos del engaño, de modo que realmente lo recoge otra vez para repetir la suerte. Esto no lo saben hacer la mayoría de los toreros.

RECORTE. Es la suerte en la que el torero, juntándose en un mismo centro con el toro, da a éste cuando humilla un quiebro de cuerpo, con el cual libra el golpe o cornada que le tirará, con absoluta seguridad el toro, y sale con diferente viaje, o sea, con otra dirección con lo cual lo equivoca. Naturalmente, pueden hacerse toda clase de recortes y con toda clase de toros, bien sea llamándolos a distancia proporcionada o esperándolos si se vienen hacia uno; pero entiéndase que el torero no ha de tener la capa puesta ni extendida, a veces ni preparada. Se suele emplear mucho el recorte para dejar a los toros colocados en el caballo durante el tercio de varas. Es entonces cuando se les recorta, a veces en demasía, ya que esto no les favorece en nada para la lidia y en muchas ocasiones quedan inútiles para la misma.

RECOSTARSE. Se dice que un toro se recuesta cuando se va a las tablas, tomando inclinación a ellas, y elude acudir a los cites que con el engaño le hace el torero.

RECTITUD. Dícese del terreno que ocupa la línea recta más o menos distante entre el toro y el objeto a que acomete.

REDONDEL. Terreno circular destinado a la lidia de toros y novillos bravos. Llámase igualmente ruedo, coso, etc.

REDONDO. Los muletazos dados con la mano derecha reciben, en términos generales, el nombre de *pases en redondo*. El diestro cita al toro, lo recoge en la muleta que lleva por debajo la espada, con objeto de dar más amplitud a la defensa y le hace girar en su torno. Éste es uno de los pases que con mejor perfección practicaba «Manolete» y en nuestros días la mayoría de los diestros. En la foto y en primer lugar, el ejemplo de extraordinaria naturalidad, elegancia y sencillez. Antonio Bienvenida fue, con su toreo clásico-moderno, el gran artista en esta época del novísimo toreo.

Ejemplo de extraordinaria naturalidad, elegancia y sencillez. Antonio Bienvenida fue, con su toreo clásico-moderno, el gran artista en esta época del novísimo toreo.

REHILETE. Es lo mismo que banderilla de toros.

REJÓN (O REJONCILLO). Es el que usan los rejoneadores para clavar en los toros desde el caballo y encelarlos. Los hay para la lidia y de muerte. Deben ser de madera vidriosa para que quiebre sin notable resistencia. La parte de la punta tiene un hierro punzante y cortante.

REJONEADOR. Torero a caballo. En los últimos años están en constante auge.

REJONEAR. Poner rejones a los toros desde el caballo. Es una suerte antiquísima y la más usada en tiempos pasados por la nobleza; así que en las funciones reales no se hacía otra cosa. Hoy es torear a caballo y la verdad es que se hace bastante bien. Tiene cada vez más aceptación en los aficionados.

RELANCE. Es cuando acaba de realizarse una suerte con el toro y, saliendo éste de ella, se encuentra de inmediato con el diestro que lleva a cabo con él otra, que por lo común es de más efecto, por lo mismo de no estar prevista ni esperada por el público su ejecución. En el tercio de banderillas se llaman *al relance* aquéllas en que, viniendo el toro unas veces rebrincando de la salida de otro par que le han puesto, otras veces siguiendo a un capote y otras huido, pero siempre levantado, aprovecha el diestro esta carrera, le sale al encuentro, se cuadra, mete los palos y marcha por sus terrenos, normalmente con calma, porque el toro no suele revolverse con prontitud aunque nunca se debe confiar demasiado. Es suerte muy segura cuando los toros no son de los que cortan el terreno o se tapan; pero no debe intentarse si el diestro no se encuentra bien situado y no tiene bien claras las condiciones de la res.

REMATAR. Se llama así cuando el toro, siguiendo al torero, no para hasta darle alcance y, si éste logra salvar las tablas, da en ellas una cornada buscando el bulto que saltó. Es muy corriente en los toros bravos y codiciosos. También se suele decir: *Qué bien remató en el burladero.*

REPARADO. Se dice del toro que por efecto de algún pinchazo con alguna hierba o paja en la dehesa o por cualquier cosa no ve bien con un ojo. *Está reparado de la vista,* se comenta con mucha frecuencia.

REPONERSE. Se dice esto cuando el toro, después de salir de una suerte cualquiera, se para y toma posición en la plaza mientas se repone y a renglón seguido vuelve a embestir. Algunos aficionados cuando esto sucede suelen decir al torero: *Déjalo que tome aire.*

RESABIAR. Hacer tomar un vicio o mala costumbre a un toro por la lidia que se le da que, por supuesto, no será buena. Hubo y hay toreros llamados «mandangas» que cuando una tarde no se encuentran con ganas de lidiar o torear bien, hacen *ver* empleando malas maneras, que los toros son malos.

RETINTO. El color o pinta de la piel más aproximado a colorado que a *castaño;* pero esta pinta o denominación no es muy propia en las toradas. La hacemos constar, sin embargo, para conocimiento de los lectores aficionados.

REVOLCAR. Derribar al caballo en el tercio de varas, maltratarlo, revolcarlo. Es una manera usual en el público no entendido porque el buen aficionado dirá *derribar.*

REVOLTOSOS. Se denomina así a los toros que siendo nobles y francos en sus acometidas, se revuelven más de lo normal en busca del bulto o del objeto que se les pone delante, normalmente la muleta, con lo cual aun siendo muy bravos, traen de *cabeza a los toreros* que tienen que andar muy listos. Como es natural, las suertes que se realicen con estos toros han de ser más lucidas que con los demás, siempre que el diestro tenga el suficiente valor y serenidad para ejecutarlas, porque son rápidas, y ligero ha de ser en sus movimientos el torero, el cual procurará tapar bien al toro por lo alto para que vaya empapado en el engaño. Los reflejos del torero en este juego del arte y la muerte son fundamentales. A estos toros también se les llama y se les da el nombre de *celosos.* El motivo es que embisten con excesivo celo y siguen el engaño metiendo la cabeza con codicia.

REVUELO. Esta voz, usada desde hace algunos años entre los aficionados y revisteros, denota el acto de matar al toro el diestro quien, si cae a la primera espectacularmente, se dice: *Ha formado un auténtico revuelo en los tendidos. Las orejas están al caer.*

ROMANA. Dícese que es de poca o mucha romana el toro flaco o gordo, según los casos.

RUBIOS. Llámase así a los centros de la cruz que forman la parte superior extrema de los brazuelos del toro y la médula que desde la cabeza llega a la cola del mismo. Es el punto donde debe darse la estocada o clavar la espada y también las banderillas, que ni es tan atrás que pase en mucho del cerviguillo, ni tan adelante que quede en éste. Por eso lo llaman también la «cruz» y las «péndolas».

S

SACAR EL TORO. Se dice cuando el toro está querenciado y el torero trata de sacarlo con el capote y, cuando, con pases de muleta, un matador ayuda a otro torero tratando de llevar al toro donde se pretende, cualquier lugar de la plaza.

SACUDIDO DE CARNES. Este nombre se da solamente en los campos del toro bravo y se usa para designar al toro gordo o al flaco, indistintamente.

SALGADO. En Portugal y en algunos puntos de España, especialmente los del Noroeste, llámase *salgado* al toro salinero; y a veces, pero en menos lugares, suelen confundirlos con los sardos, cosa que es errónea.

SALIDA. Se dice que al toro se le da salida cuando se le marca ésta con la capa o con la muleta, despidiéndole con los vuelos de las mismas. Desplegando éstos más o menos, serán las salidas largas o cortas; es decir, que el toro se separará o se acercará más al diestro según aquéllas sean.

SALINERO. Es el toro cuya piel es jaspeada de colorada y blanca, sin formar mancha alguna de un solo color. Es muy parecido éste al que los rejoneadores llaman *azúcar y canela;* y realmente, cambiando el fondo, que en vez de negro es, como hemos dicho, colorado, la pinta es igual a la del toro cárdeno claro.

SALIR (POR PIES). Como su mismo nombre indica

es huir precipitamente en la salida de cualquier suerte por temor a una cogida.

SALPICADO. Cuando un toro de pinta muy oscura tiene cerca unos de otros varios lunares blancos, grandes para que pueda llamarse nevado, y pequeños para ser girón, suele decirse que es *salpicado.* Como se comprende bien, ésta es una derivación del berrendo.

SANGRE (TORERA). Dan este nombre los aficionados a la bravura, coraje y pundonor que pone el torero frente al toro para no defraudarle. No se debe confundir este valor, frío y sereno, con el de la temeridad y atolondramiento.

SARDO. Es el toro que con manchas más o menos grandes, pero juntas unas con otras, tiene los tres colores de negro, blanco y colorado, aunque cualquiera de ellos domine más que los otros.

SECO. Se dice que es un toro *seco* cuando, de una sola cornada o topetazo derriba al caballo y se queda de nuevo en suerte esperando otro objeto a qué acometer.

SEMENTAL. Aplícase este nombre al macho de la camada que se destina a padrear.

SENTIDO. Llámase toro de *sentido* al que, haciendo siempre caso omiso al engaño, se dirige o acomete al diestro rematando frecuentemente en el bulto. «Pepe-Hillo» en su *Tauromaquia,* dice que bajo la misma denominación se comprenden los que, atendiendo a todos los objetos que se les presentan, no se deciden fijamente por ninguno en especial; pero «Paquiro» encuentra contradicción el que se considere toro de sentido al que en las suertes es claro.

SENTIRSE. Se dice que un toro se *siente* al hierro cuando, saliendo del toril con síntomas de bravura y empuje, le ponen la primera vara y se sale de la suerte de estampida sin apretar.

Igualmente se da este nombre al torero que, cuando torea con gusto y sentimiento, dice que *me he sentido. He sentido todo cuanto he hecho durante la lidia y el público también.* Algunos aficionados, en cambio, dicen que *este diestro transmite mucho.*

«SEÑORITO». Nombre del toro que luchó con un tigre real de Bengala, venciéndolo y matándolo en la plaza de toros de Madrid la tarde del 12 de mayo de 1849. Era berrendo en negro, capirote, botinero, astifino, bien armado y pertenecía a la ganadería de don José María Benjumea, vecino de Sevilla, que usaba para ella divisa azul y rosa. Hoy es dueño de esta ganadería don Felipe Laffite.

SOBAQUILLO. Se llaman de sobaquillo los pares de banderillas puestos generalmente al cuarteo, sin cuadrarse el diestro y dejando pasar la cabeza del toro, o sea, *fuera de cacho* y siempre saliendo por pies.

SOBREROS. Toros en reserva por si alguno de la corrida no puede ser lidiado o sufre cualquier otro accidente y ha de ser sustituido.

SOBRESALIENTE. Es un matador de toros que actúa en una corrida especial cuando otro matador mata en solitario seis toros. Al *reserva,* que sólo intervendrá cuando el otro se lo autorice o por inutilidad del lidiador, se le da el nombre de sobresaliente. También actúa un sobresaliente cuando la corrida es de dos espadas y siempre irá como ayudante de un rejoneador, aunque en este último caso, no es necesario que sea matador de toros.

SORTEAR. Acto de sortear los toros que ha de lidiar cada matador. Se realiza la mañana de la corrida mediante una bolita con el número de cada toro que se introducen en un sombrero y los representantes de cada matador van extrayendo. A veces el mismo matador, pero no es habitual.

SUERTE. Cada uno de los tercios de la lidia de cualquier festejo taurino. SUERTE de varas. SUERTE de banderillas y SUERTE de MATAR o SUERTE suprema.

T

TALEGUILLA. Calzón del traje de torear de los toreros de a pie.

TANDA. Recientemente se ha dado en dar este nombre a la *tanda* de muletazos con la mano derecha y a los naturales dados seguidos. Incluso los revisteros lo utilizan con bastante frecuencia.

TARASCADA. Achuchón dado por el toro seguido de un derrote brusco y violento.

TAURINO. Es un adjetivo que se emplea para designar a la persona o personas que se dedican a algún oficio dentro de los toros. *Es un taurino* se dice.

TAURÓFILO. Es la persona que tiene gran afición a los toros y además se dedica a la investigación de la fiesta.

TAURÓMACO. Dícese de la persona entendida en tauromaquia.

TAUROMAQUIA. Arte, destreza, poderío, plástica, maestría, que se emplea para lidiar los toros y, además, amalgamando todo ello en una efímera obra de arte y belleza. Es decir, para que todo el mundo lo entienda, arte de torear o lidiar toros, tanto a pie como a caballo. Libro en el que se dan reglas para llevar a efecto y practicar las diferentes suertes que se conocen en el toreo.

TAPARSE. Se dice cuando un toro humilla tanto que, adelantando el hocico, echa atrás el testuz y quedando cubierto el sitio donde ha de pinchársele con la espada; y también cuando levanta demasiado la cabeza impidiendo meter los brazos. El espada no debe intentar nunca el descabello con un toro tapado, y aun el puntillero hará bien dando el cachete de atrás adelante y no perpendicularmente.

TENDER (LA SUERTE). No es muy usual, pero es el nombre correcto que se da al trasteo que se efectúa cuando se acerca el capote al toro y se le extiende para que llegue a jurisdicción, o lo que es lo mismo, el momento preliminar de cargar la suerte.

TERCIOS. Como el propio nombre indica, se llaman así los terrenos que están situados a una distancia de los tableros, aproximadamente igual a la tercera parte del diámetro de la plaza. Los picadores no pueden sobrepasar este sitio para ejecutar la suerte de varas. El tercio, salvo excepciones, es el mejor terreno para poner banderillas y mucho mejor para entrar a matar a los toros.

TERRENO. El del toro lo es siempre el de afuera, o sea, el que hay desde donde esté colocado hasta el medio de la plaza; el del torero, por el contrario, es el que media desde donde se halla el toro hasta la barrera. De manera que el lugar donde deben realizarse las suertes es el centro de los terrenos; y sucede muchas veces que, habiéndose colado el toro, no tiene más remedio el torero, para librarse de la cornada, que cambiar los terrenos haciendo un quiebro de su cuerpo o con el engaño. Este momento, en términos generales, suele ser peligroso.

TIEMPO (A UN). Éste es uno de los nombres dados al modo de matar. Consiste en arrancar el torero y el toro, uno hacia el otro, precisamente al mismo tiempo, es decir, en el mismo instante; y como se comprende desde luego, esto siempre tiene que suceder sin prepararlo ni pensarlo. Por lo demás, la suerte es *arrancando,* y esta palabra es la correcta.

TIENTA. Llámase así a la prueba que de su bravura se hace en los becerros, utreros y vacas de igual edad en las principales y mejor cuidadas ganaderías.

TIJERA. Es la suerte de capa de tijera, tijerilla o *a lo chatre,* que de los tres modos se nombra, es sencilla y se practica colocándose el torero frente a la res, según las reglas que se siguen para torear a la verónica, pero cogida la capa con los brazos cruzados, de modo que si el toro ha de salir por el costado derecho, debe colocar aquél su brazo izquierdo sobre el otro, y si le da salida por la izquierda, es el brazo derecho el que debe estar encima. No se practica mucho y es una verdadera pena porque gusta al público.

TOMAR. Se dice cuando el torero, con el capote o muleta o la vara, espera y llama muy de cerca al toro, en cuyo caso se dirá que *le tomó muy de cerca o en corto;* y por el contrario, si se le llama a más distancia, se dirá que le *tomó muy en largo.*

TORADA. Es la reunión en una dehesa o sitio determinado de diferentes toros de más o menos edad, pero de una misma ganadería.

TOREADOR. Según el *Diccionario* de la Academia Española, se llama así al torero de a caballo. Podrá ser, pero nosotros a los únicos que se los hemos oído decir y escribir ha sido a los franceses.

TOREO. Es el ejercicio o arte de torear según la Academia de la Lengua.

TORERO. *El que por oficio o precio torea en las plazas,* dice el *Diccionario* de la lengua castellana.

«TORIBIO». Toro de la ganadería de don José Ginés, vecino de Santa Elena (Jaén), que fue lidiado en la plaza de Valdepeñas (C. Real) el día 15 de junio de 1876. Era retinto, aldinegro, bien armado y muy ligero de pies; tanto, que saltó al tendido de sombra, donde causó mil destrozos; volvió de nuevo a la plaza, y por segunda vez saltó al tendido, y de allí pasó a los palcos, rompiendo garandillos y asientos y causando la alarma y el pánico que el lector puede imaginarse. Mató a un niño de cinco años, hirió gravemente a dos servidores de la autoridad, rompió trece brazos y veinte piernas y causó treinta escalabraduras, teniendo que ser curadas de más o menos gravedad más

Los dos dibujos que ofrecemos, ilustrarán al lector de lo que es la Tijerilla o Tijera. *En el primer caso, el torero ofrece un diminuto capote casi abierto y en el segundo, al avanzar el torero, metiéndose en el costado del toro, lo va recogiendo para llevárselo atrás, que es donde debe quedar para que el toro tome la salida. Se puede hacer también con la muleta, aunque no es lo mismo. En estos momentos, son muy pocos toreros los que ejecutan esta suerte, pero Marcial Lalanda la interpretaba maravillosamente.*

de doscientas cincuenta personas. En definitiva, un toro que pasó a la historia no por su bravura, sino por sus pies y mala uva.

TORILES. Es el espacio cerrado que existe entre los corrales y los chiqueros y en el cual se hace la separación de los toros para encerrarlos en los chiqueros por el orden en el que se han de lidiar.

TORO. Animal cuadrúpedo, mamífero, correspondiente al orden de los rumiantes cuya corpulencia, lo mismo que su fuerza muscular, son muy grandes. Para la lidia no deben emplearse los toros de menos de cuatro años ni de más de seis.

«TORUNO». Fue el primer toro lidiado en la plaza de Madrid el 4 de septiembre de 1874, el día de su inauguración. Pertenecía a la ganadería del excelentísimo señor duque de Veragua, divisa encarnada y blanca, y era berrendo en negro, botinero, buen mozo y bien armado. «Villaverde» fue el primero que le echó la capa, «El Chuchi» el que puso la primera vara. Curro Calderón el que cayó al suelo en el primer lugar, Mariano Antón clavó el primer par de banderillas y Fuentes *(Bocanegra)* el que primero mató en dicha plaza. *Lagartijo* fue el de los de a pie el primero que rodó por el suelo, y dicho toro fue el primero que saltó la barrera y tiró al suelo, aunque sin herirlos, a tres personas.

TRAPÍO. La lámina o estampa que tiene el toro es la que determina el buen o mal trapío del mismo.

TRAPO. Así se acostumbra a llamar a la muleta, particularmente cuando el diestro, por necesidades del viento, se ve obligado a mojarla con el fin de que pese más y no la mueva tanto el viento.

TRASERO. Llámase así al par de rehiletes que se coloca más atrás de la cruz del toro; sólo verlo demuestra que el banderillero o el matador lo colocó dejando pasar la cabeza del toro. También se llama trasera la estocada señalada en dicho sitio y el puyazo del picador que, marcado en el mismo lugar, es más digno de censura que de elogio.

TRASTEO. Es lo que comúnmente se llama *tantear a los toros,* o sea, hacer o probar a ciertos toros antes de empezar la lidia a fondo porque el torero no lo vea claro. También se suele emplear el trasteo cuando son toros difíciles y no se puede hacer faena, se le trastea y se le prepara para la muerte. En algunos aficionados esto no encaja y prefieren emplear la palabra «aliño».

TROMPICAR. Cuando el toro da con el hocico o testuz al torero sin arrojarle al suelo, al tiempo de salir aquél de cualquiera de las suertes que le haya ejecutado, se dice que sale *trompicado.* Así, pues, el toro no trompica, hace trompicar.

U

URO. Bóvido salvaje muy parecido al toro pero de tamaño mayor; fue abundantísimo en la época diluvial y se extinguió la especie aproximadamente hacia el 1627.

UTENSILIOS. Llámase *utensilio* a los distintos objetos que usa el torero en su profesión. Por ejemplo, se dice: *recoge todos los utensilios.* Y cuando se dice esto se está pensando en los capotes, muletas, espadas, etc.

UTRERO. Es el becerro cuya edad no pasa de los tres años.

V

VACIARSE. Significa dar salida con la muleta a los toros a la hora de la muerte.

VALIENTE. Arrojado, denodado, intrépido, bizarro, resuelto, animoso, fuerte. Todo eso le concierne al torero valiente y éstos, los que reúnen estas cualidades, son quienes llegan a la cumbre.

VALOR. Es la primera cualidad que debe tener el torero y sin la cual no podrá nunca ser auténtico diestro. Entiéndase valor prudente, no temerario, que permita ver cerca al toro con sangre fría. Lo que se llama *tener la cabeza encima de los hombres y sangre fría.*

VARA. Garrocha. Vara de picar que se usa para sangrar y sujetar a los toros o para picarlos en la plaza. PONER VARAS, TOMAR VARAS, etc.

VARETAZO. Contusión o golpe, no herida, que causa el toro con la pala, o sea, el grueso del asta en el cuerpo del diestro. Se suele producir con bastante frecuencia.

VARILARGUEROS. Así se empezó a llamar en el siglo pasado a los picadores que hoy tenemos en todas las plazas. Todavía se conserva ese nombre, aunque no se use tanto como antes.

VELAS. Dícese veleto al toro de cuernos altos y largos. *Vaya dos «velas» que tiene,* comentan los aficionados.

VELETO. Llámase también veleto al toro cuyas astas son prolongadas y altas.

VERDUGO o AVERDUGADO. Se llama así al pelo o pinta del toro que sobre un color dado, como negro, cárdeno o retinto, tiene líneas coloradas más oscuras verticales o transversales. El mayor número de toros de esta pinta la hemos visto en ganaderías portuguesas.

VERDUGUILLO. Espada o estoque más largo que éstos, comúnmente usados por los matadores de toros. Son de la misma forma, algo más estrechos de hoja, y de unos ochenta y cinco centímetros de largo y con ellos se descabellan los toros.

VER LLEGAR (AL TORO). Dícese cuando el torero fija su vista en la del toro, observa también el momento en que éste arremete y dé la cabezada para librarse de ella oportunamente y ejecutar la suerte en corto y con limpieza.

VERÓNICA. Cuando el toro está en suerte o lo que es lo mismo, se encuentran paralelo a las tablas y a una distancia de ellas de más de cuatro metros, se dice que están divididos por igual los terrenos. Entonces se coloca también el torero en suerte, es decir, frente al animal y preparado con el capote, abre éste a poca distancia, tomando sólo alguna más si el toro tiene muchos pies, le llama al extenderlo, y si preciso fuera, acercándose más, la deja venir sin mover los pies. Cuando llega a jurisdicción, carga el torero la suerte, y como inclina o guía la capa a derecha o izquierda, sale la res después de dar la cabeza, debiendo quedar derecha al revolverse para repetir la suerte que, como hemos indicado, se llama *verónica,* o sea, de frente, y el diestro, girando un poco, dando cara a la fiera.

Es una suerte francamente bella y de las preferidas por el público.

Ya está el toro en el ruedo y ha sido «fijado» por los encargados de ese menester. Es decir, y para que todos los lectores nos entiendan, los peones han frenado sus primeras acometidas. Sale entonces el matador de turno a

El maestro de maestros Domingo López Ortega luce su extraordinaria elegancia y admirable juego de sus brazos en un dominio completo y sorprendente sobre la res.

enfrentarse con la fiera y surge uno de los lances más artísticos y fundamentales de todas las suertes del toreo: la verónica. ¿De dónde procede este nombre? Lo hallamos nada menos que en uno de los pasajes más emocionantes de la Pasión: en el de la Verónica. El toro, nada castigado aún, pletórico de fuerzas, avanza al cite del diestro que lo deja llegar hasta su jurisdicción; en el momento mismo en que el choque con el hombre parece inevitable, el torero adelante la capa, encela en ella al toro, que la sigue y persigue sin encontrar el momento de la derrota, y mientras el artista conserva su gallardía, bien sentadas las plantas de los pies sobre la arena, el toro, embebido en el engaño, casi roza con sus cuernos al diestro, pasa ante él hasta consumar la suerte y queda en posición para de nuevo ser recogido y completar la serie de lances.

VIAJE. Se llama *viaje* no precisamente a la carrera que lleven el torero o el toro en el redondel cuando corren, sino a la ruta o dirección que desde que arrancan parece van a seguir; y por eso se dice muchas veces «cambió de viaje» cuando no sigue el mismo camino al principio indicado.

VOLAPIÉ o VUELAPIÉ. Es una de las mejores suertes de matar los toros, indispensable y necesaria cuando las reses, rendidas y sin patas por el mucho castigo que han recibido, se aploman y carecen del poder preciso para embestir. Su ejecución es sencilla, pues se reduce a armarse el espada muy en corto, arrancar lo más derecho posible, o sea, cuarteando muy poco, y al llegar a la cabeza, bajar la muleta tocando el hocico del toro con ella; entonces, cuando humilla, se descubre y se le mete el estoque saliendo el matador limpiamente.

VOLUNTARIO. Se llama así al toro que acude a todas las suertes, y especialmente a las de vara, sin necesidad de que se le obligue. Importa poco para que tenga este nombre que sea más o menos bravo, codicioso, de poder, etc.

Z

«ZACANJOSO». Toro de la ganadería de don Anastasio Martín, de Coria del Río, divisa encarnada y verde (en Madrid, celeste y rosa), que por su bravura mereció que se le perdonase la vida en la corrida celebrada el 3 de mayo de 1861 en la plaza de toros de Sevilla. Había matado once caballos; había acudido con prontitud a los capotes y la muleta y se había mostrado bravo de verdad. Curado de sus heridas se le condujo de nuevo a la dehesa, donde padreó tres años más con total acierto.

ZAINO. Se da este nombre al toro que, teniendo la pinta de dicho color negro, es de pelo hosco, feo, sin brillo, pero no completamente mate o sin lustre. Entiéndase por hosco el tinte de la piel del indio americano llamado mulato.

BIOGRAFÍAS

A

ALCALDE MORCILLO, FRANCISCO, «PACO ALCALDE». Nació en Alamillo (Ciudad Real) el 4 de noviembre de 1951. Tomó la alternativa en Barcelona, el 14 de abril de 1974, de manos de Curro Romero, que le cedió el primer toro de la divisa de Juan Mari Pérez Tabernero en presencia de Carlos Escolar, «Frascuelo», que también recibió la alternativa esa misma tarde. Confirmó esa alternativa en Madrid el 21 de mayo de 1975 en plena feria de San Isidro. Los toros fueron de Lisardo Sánchez y su padrino fue Francisco Ruiz Miguel y el testigo Pedro Gutiérrez Moya, «Niño de la Capea».

Tanto en la alternativa como en la confirmación, cortó una oreja a su segundo toro.

Torero de buen cartel, tuvo unos años muy brillantes en los que figuró en todas las ferias. Destacó principalmente en el tercio de banderillas. Luego pasó al escalafón de los subalternos y en 1992 reapareció como matador de toros con desigual fortuna.

Cuando cerramos esta edición sigue de matador de toros, aunque no torea mucho.

AMORES RODRÍGUEZ, ÁLVARO. Nació en Barbate de Franco (Cádiz) el 17 de marzo de 1963. Tras un aprendizaje normal en casi todos los principiantes, tomó la alternativa en Castellón, segunda patria, el 14 de junio de 1986. Los toros fueron de Joaquín Berrocal y el padrino Francisco Ruiz Miguel y como testigo actuó Lucio Sandín.

Torero de buen corte, no ha tenido demasiada suerte y las empresas tampoco le han ayudado lo suficiente para que el aficionado viese cómo es realmente su toreo.

«ANDALUZ»; ÁLVAREZ PRUAÑO, MIGUEL. Nació en Sevilla el 19 de noviembre de 1919. No se presentó de novillero en Madrid. Tomó la alternativa en Valencia el 15 de marzo de 1942, siendo su padrino Vicente Barrera que le cedió el toro «Nadador» de la viuda de Galache, actuando de segundo espada Juanito Belmonte Campoy. La confimación de alternativa en Madrid tiene lugar el 6 de mayo de 1943. Pepe Luis Vázquez le cede el toro «Luciérnago», de Clemente Tassara y Enriqueta de la Cova. Testigo José Ortega, «Gallito». Estuvo diez años en el toreo y se retiró en 1952, si bien regresó en 1969, aunque solamente toreó dos corridas. La de su reaparición fue en Palma de Mallorca. Cortó la primera oreja de la llamada feria de San Isidro. Fue el 9 de mayo de 1948.

«ANDRÉS VÁZQUEZ»; MAZARIEGO VÁZQUEZ, ANDRÉS. Nació en Villalpando (Zamora) el 25 de julio de 1936. Sus comienzos fueron muy duros luchando por los pueblos hasta abrirse camino. A pesar de todas las dificultades, nunca se echó atrás y pudo llegar a la alternativa que tiene lugar en Las Ventas el 19 de mayo de 1962, siendo su padrino Gregorio Sánchez, y de testigo Juan García «Mondeño». Los toros fueron de Benítez Cubero. Fue un torero de triunfos espectaculares, particularmente en Madrid, y desigual en otros momentos. Su mayor virtud radicó en su toreo con el capote. Dios no le ha llamado, como ejerce, para locutor de televisión. Lo suyo, sin duda, fue el toreo. Las narraciones taurinas requieren otro lenguaje, otra profesionalidad.

«ANTOÑETE»; CHENEL ALBADALEJO, ANTONIO. Nació en Madrid, en los aledaños de la Plaza de Toros de Las Ventas, el 24 de junio de 1932. Hace su presentación en esa plaza de Las Ventas, también llamada del Espíritu Santo, el 5 de junio de 1952, formando cartel con Manuel Boni y «Carriles». En esta ocasión lidia novillos de Nicasio López Navalón. La alternativa decide tomarla en Castellón de la Plana el 8 de marzo de 1953 al cederle Julio Aparicio el toro «Carvajal» de don Francisco Chica, en presencia como testigo, de Pedro Martínez, «Pedrés». El 13 de mayo siguiente, la confirma en Madrid. Los toros son de Alipio Pérez-Tabernero Sanchón. El padrino Rafael Ortega, que le cede en primer lugar, el toro «Rabón». De testigo está Julio Aparicio. Tras varias retiradas y vueltas, se despidió del toreo vestido de luces, ya que festivales sigue toreando, en Bilbao el 27 de agosto de 1988. Ese día alternó con Pascual Mezquita y Emilio Oliva y las reses fueron de Dionisio Rodríguez García.

Nos encontramos ante uno de los toreros más puros de los últimos años. Su arte es tremendamente exquisito y para paladares verdaderamente dignos de ello. En los últimos años se dedica a comentar corridas de toros por el Canal Plus de Televisión con Manuel F. Molés, y a fe que se muestra comedido y sólo prestando atención a lo que se debe prestar, sin más comentarios fuera de lo común. Su gran faena como torero la llevó a cabo a un toro «blanco» de Osborne en 1966. Concretamente el 15 de mayo. El toro se llamó «Atrevido», marcado con el número 56, ensabanao y alunarado, capirote en cárdeno y botinero en negro, con 486 kilos. Antonio vistió de salmón y oro.

APARICIO DÍAZ, JULIO. Llegó al mundo en un ambiente familiar muy propicio para la profesión que iba a elegir, pues su padre fue matador de toros triunfante y su madre bailarina. Se cruzaron pues, sangre torera con la sangre de los bailaores sevillanos ya que su padre era, y es, vive por fortuna, madrileño, y su madre sevillana. Y el hoy famoso matador de toros nació el 4 de enero de 1969 en Sevilla. Su presentación con picadores tuvo lugar en Gandía (Valencia) el 8 de febrero de 1987, lidiando novillos de El Torreón, y teniendo por compañeros a Fernando Lozano y a Gregorio de Jesús. En Madrid hace su presentación de novillero el 16 de julio de 1989 lidiando novillos de Torrestrella, alternó con Curro Vázquez en corrida mixta. Tomó la alternativa en Sevilla el 15 de abril de 1990 de manos de Curro Romero, quien le cedió el toro «Rompelunas», de Torrealta, teniendo como testigo a Juan Antonio Ruiz Román, «Espartaco». Por encontrarse lesionado no pudo confirmar la alternativa prevista en San Isidro de 1993.

APARICIO MARTÍNEZ, JULIO. Llegó al mundo en Madrid el 13 de febrero de 1932. En 1947 torea sus primeras novilladas, pero su verdadero empujón lo da la tarde del 6 de mayo del año siguiente en Puertollano, lidiando novillos de López Navalón con Moreno Reina. Esa temporada toreó 19 novilladas. El 19 de junio de 1949 se presenta en Madrid para lidiar novillos de Antonio Pérez-Tabernero junto a Luis Rives y Pablo Lalanda. La alternativa se la otorga Joaquín Rodríguez, «Cagancho», en Valencia, el 12 de octubre de 1950, la misma tarde que su compañero «Litri». Se le cede el toro «Farruquero» de Antonio Urquijo. Ésta se la confirma en Madrid Manolo González el 19 de mayo de 1951, quien le cedió el toro «Cachito», también de Urquijo, en compañía de Miguel Báez, «Litri». Se retiró de los ruedos el 24 de agosto de 1969 en Barcelona, actuando con el mexicano Antonio Lamelín y José Luis Segura lidiando toros de «Campocerrado».

Fue un excepcional muletero y tuvo brillantes temporadas.

ARAGÓN CANCELA, CARLOS. Nació en Colmenar Viejo (Madrid) el 6 de diciembre de 1960. Tomó la alternativa en Valdemorillo (Madrid) el 5 de febrero de 1984 con toros de «El Campillo». El padrino fue Juan José y el testigo Pepe Luis Vargas. La confirmó en Madrid el 29 de julio de 1984 con toros del Conde de la Maza, siendo su padrino Pedro Fernández, «Niño de Aranjuez», y de testigo Fernando Rivera. Tuvo algunas temporadas buenas de novillero pero de matador de toros no ha destacado, quizá por las pocas corridas que torea.

ARANDA PÉREZ, RAÚL. Llegó al mundo en Almazora (Castellón) el 3 de enero de 1952, y contando solamente dos meses, lo trasladan a Zaragoza por lo que muchos aficionados piensan que es maño.

En 1966 tiene su primera actuación en público, aunque vestido de corto en un espectáculo cómico; en 1968 interviene en la plaza de Zaragoza en función de noveles. Al año siguiente torea treinta novilladas sin picadores y el 19 de octubre en Fuengirola (Málaga), debuta con picadores, con novillos de Mora Figueroa y teniendo por compañeros a Antonio José Galán y a Curro Claro. Su presentación en las Ventas tiene lugar el 28 de marzo de 1971 con un encierro de Pío Tabernero de Vilvis. Sebastián Palomo Linares le otorga la alternativa el 23 de mayo de 1971 en Zaragoza en presencia de Miguel Márquez y con toros del conde de la Corte, y uno, lidiado en quinto lugar, de Francisco Camino. La confirmó el 15 de mayo de 1972 con el toro «Pañerito», de Galache. Padrino: Manolo Cortés; testigo, Julián García.

«ARMILLITA»; ESPINOSA SUCEDO, FERMÍN. Llegó al mundo en Saltillo (México) el 3 de mayo de 1911. A España llegó con una alternativa tomada en la plaza «El Toreo» de su país el 23 de octubre de 1927 de manos de Antonio Posada que le cedió el toro «Maromero» de San Diego de los Padres en presencia de José Ortiz. Tomó otra en Barcelona el 25 de marzo de 1928. Fue padrino de la ceremonia su hermano Juan al cederle el toro «Bailaor» del hierro de don Antonio Pérez de San Fernando en presencia de Vicente Barrera. La confirmación de esa alternativa tiene lugar en Madrid el 10 de mayo siguiente, siendo su padrino Manuel Jiménez Moreno, «Chicuelo», que le cede la muerte del toro «Gaditano» de doña Carmen de Federico. El testigo fue Francisco Vega de los Reyes, «Gitanillo de Triana». Se retiró definitivamente de los ruedos el 5 de septiembre de 1954 en Nogales (México), matando toros de Santo Domingo mano a mano con Luis Mata. Fue otro de los grandes puntales del toreo de México y su vida se fue el 6 de septiembre de 1978 en México D.F.

«ARRUZA»; RUIZ CAMINO, CARLOS. Nació en México D.F. el 17 de febrero de 1920. Falleció, también en México, el 20 de mayo de 1966 como consecuencia de las heridas sufridas en un accidente de coche.

Desde muy joven sintió la llamada de los toros, y ya en 1936 dio sus primeros pasos como becerrista, tanto en México como en Portugal, donde permaneció durante algún tiempo. Su primer traje de luces lo vistió con su hermano Manuel el 28 de noviembre de 1934, siendo casi un niño aún, sobre todo torero. El lugar fue la mexicana plaza de Vista Alegre. En 1936 llegó por primera vez a España, pero debido a nuestra guerra civil tuvo que regresar nuevamente a México. Tomó la alternativa el 1 de diciembre de 1940 de manos de Fermín Espinosa, «Armillita», con el toro «Oncito» de Piedras Negras teniendo como testigo a Francisco Gorráez. Carlos fue herido al entrar a matar éste su primero toro como matador. En 1944 viene de nuevo a España y torea aquí y en Portugal. Confirma la alternativa en Madrid el 18 de julio de ese año. Antonio «Bienvenida» le cede el toro «Figurón» de Vicente Muriel, aunque no han faltado autores que afirmasen que el toro fuera «Avilés». El testigo fue Emiliano de la Casa, «Morenito de Talavera», actuando también el rejoneador portugués, Simao da Veiga con un toro de Manuel González. El sexto toro de lidia ordinaria fue de Pinto Barreiros. Se retiró de los ruedos en Ciudad Juárez (México) el 1 de marzo de 1953 lidiando toros de La Punta en un mano a mano con Juan Silveti. El 26 de mayo de 1957 le fue impuesta la Cruz de Beneficiencia por el gobierno español por las corridas benéficas y festivales que toreó en España.

Carlos Arruza fue uno de los grandes toreros mexicanos que compitió con «Manolete» ganándole la partida en más de una ocasión. Sus hijos, Carlos y Manuel, también son toreros.

Antonio Chenel «Antoñete».

C. Arruza.

B

BARRERA CAMBRA, VICENTE. Nació en Valencia el 24 de diciembre de 1908. De familia de buena posición económica, a los ocho años se quedó huérfano de padre, que quería que su retoño estudiase una carrera literaria. Cursó los estudios primarios con aprovechamiento y cuando empezaba la segunda enseñanza le dio por los toros a lo que se opusieron todos sus familiares. Sin embargo, luchando mucho, logra torear en Torrente (Valencia) la primera novillada vestido de corto. Tuvo lugar ésta el 15 de agosto de 1924 y el 7 de septiembre de ese mismo año viste por primera vez el traje de luces en la plaza de Valencia lidiando novillos de Concha y Sierra. Cortó las orejas a sus dos novillos y a partir de ese momento ya no cesa de triunfar. La alternativa la recibe en Valencia el 17 de septiembre de 1927, teniendo como padrino a Juan Belmonte que le cede el toro «Romano» de Concha y Sierra de pelo negro salpicao. El testigo fue José Belmonte. La confirmó en Madrid el 24 de mayo de 1928, siendo apadrinado por Manuel Jiménez, «Chicuelo» que le cedió el toro de Graciliano Pérez Tabernero llamado «Jardinero». No presumió de valiente, pero lo fue. Murió en Valencia el 11 de diciembre de 1956 de una enfermedad cerebral. Había matado 1.355 y toros y toreado 668 corridas.

Era un verdadero especialista en lidiar toros mansos.

BELMONTE CAMPOY, JUAN. Nació en Madrid

el 28 de febrero de 1918. Tomó la alternativa el 12 de septiembre de 1938 en Salamanca, teniendo como padrino a Marcial Lalanda y de testigo a Domingo Ortega. El toro de la ceremonia se llamaba «Figurino» y era de Antonio Pérez de San Fernando. La confirma en Madrid el 12 de septiembre de 1939 con toros de Antonio Pérez de San Fernando, teniendo como padrino a Marcial Lalanda y testigo a Manuel Rodríguez Sánchez, «Manolete», que también confirmó ese día la alternativa. Actuó como rejoneador esa tarde Juan Belmonte García. El toro de la ceremonia respondió al nombre de «Mellizo». Falleció en Fuenterrabía (Guipúzcoa) de una dolencia cardíaca el 20 de julio de 1975.

BELMONTE GARCÍA, JUAN. Llegó al mundo el 14 de abril de 1892 en Sevilla. Concretamente en la calle Ancha número 72, llamada igualmente calle de la Feria, por el mercado que en ella se organizaba todos los jueves con gentes que llegaban de los pueblos y barrios cercanos como: La Algaba, Gelves, Alcalá del Río, Alcalá de Guadaira, San Juan de Aznalfarache, etc.

Los padres de Juan fueron: José Belmonte Peña natural de Prado del Rey en la provincia de Cádiz y Concepción García Ibáñez de Sevilla. El padre, atractivo hombre y cargado de flamenquería, amigo de conquistas y otras cosas, como jugador de cartas y degustador de vino, no era hombre, claro, de una sola mujer. La madre era de una extraña y sugestiva belleza que no vivió mucho tiempo y dejó viudo al mujeriego José Belmonte cuando habían nacido ya dos hijos del matrimonio —Juan y Manolo— y el mayor, Juan, contaba cinco años.

No aguantó por mucho tiempo José Belmonte su viudedad y contrajo nuevas nupcias —en esta ocasión con Soledad García Ibáñez, hermana de su difunta mujer—. Y con esta nueva boda la familia creció con rapidez y de forma tan exagerada que el vivir cada día se hacía casi imposible. A los hijos del primer matrimonio, Juan y Manolo, se sumaron, por este orden, Carmela, José, Concepción, Josefa, Luis, Antonio, Paco, Rafael, Joaquín, Angelita y Soledad.

Belmonte crecía como todos los chavalillos de su época en la más grande de las pobrezas pero en libertad. Muy pronto se van a vivir al barrio de Triana, de ahí que todos crean que era trianero. Sin embargo, no fue así, aunque es al «otro lado del puente», donde transcurren los años decisivos de su vida. Su afición inicial no fue el toreo sino la lectura. A ella consagra Juan todos sus ratos libres. Y ésta fue la base de su gran cultura popular posterior. El joven sevillano leía cuanto llegaba hasta él sin importarle la materia que tratara. Su afición llegó posteriormente. A los trece años se estrenaba en la Venta «Cara-Ancha», empezando entonces un largo peregrinaje por cercados y capeas que llegó a calificarle en sus luegos abundantes biografías como «el maletilla y golfillo por excelencia». Belmonte toreó a escondidas de guardas, de noche, en las peores condiciones, con toros enormes o vaquillas resabiadas más que ningún otro torero de todos los tiempos. Su debú como torero tiene lugar en Elvas (Portugal) el 6 de mayo de 1909. El traje fue alquilado. De ese lugar pasa al Arahal el 24 de julio de 1910 con novillos de Pérez de Coria. La plaza se llenó y Juan Belmonte se la jugó hasta el punto de que lo cogió uno de los novillos y le señaló la ceja izquierda para siempre. El 15 de agosto de ese 1910 hace su presentación en Sevilla, en su Maestranza del alma, como «Bombita IV» y «Pilín». No está bien.

Durante algún tiempo deambuló sin suerte en los bajos fondos del mundo de los toros hasta que debuta con picadores en La Maestranza el 21 de julio de 1912. Los novillos fueron del Duque de Tovar y alternó con «Larita» y Curro Posada. Triunfó clamorosamente y ya no cesará hasta ser la figura más grande del toreo enfrentándose al inolvidable José Ortega Gómez, «Joselito», y ganándole la partida muchas tardes hasta que éste murió en las astas del toro «Bailaor» de la Viuda de Ortega.

Solamente un año estuvo de novillero desde aquella fecha de su triunfo en Sevilla. El 16 de octubre de aquel año 1913, le dio la alternativa Rafael González «Machaquito» en la plaza de Madrid, siendo testigo Rafael Gómez, «El Gallo», y aquella corrida figura en los anales de la historia del toreo ya que «Machaquito» se cortó la coleta y salieron al ruedo once toros de distintas ganaderías. Un auténtico desastre. Sin embargo, el azar que juega a veces con la suerte, le da la ocasión de conocer a varios intelectuales de los que al final sería gran amigo. Éstos fueron Ramón del Valle-Inclán, Sebastián Miranda, Julio Antonio, Julio Romero de Torres, Jan Cristóbal, y Ramón Pérez de Ayala.

Naturalmente, al golfillo de Altozano, le hizo mucha ilusión el conocer a estos personajes. Uno de ellos le dijo posteriomente: «Juanillo, ya no te falta para ser inmortal, más que morir en el ruedo...». Y Juan Belmonte respondió: «Se hará lo que se pueda, don Ramón, se hará, don Ramón... lo que se pueda...»

Era don Ramón María del Valle-Inclán y la frase se hizo inmortal, dando la vuelta al mundo por las circunstancias que como veremos ocurrieron en su muerte.

A partir de este momento, existen unas fechas claves en la vida de Juan Belmonte que es imprescindible reseñar. Éstas son las siguientes:

21 de diciembre de 1913. Juan Belmonte, que torea en México, recibe una cornada grave de un toro de Tepeyahualco.

21 de abril de 1914. Alterna con «Joselito» en la feria de Sevilla en la apasionada corrida de Miura, y a pesar de actuar herido por una cogida en Murcia, es aclamado y llevado a su casa en hombros. La competencia entre los dos colosos era ya radical y firme, pero Belmonte había ganado.

2 de mayo de 1914. Alterna por primera vez en Madrid con los hermanos, Rafael y «Joselito el Gallo», y si «Joselito» causa admiración en el público en el quinto toro, Juan está genial en el sexto saliendo en hombros de la afición de la plaza de toros en olor de multitud.

25 de abril de 1915. Corrida inolvidable para Juan al realizar una gran faena a un toro de Murube en la Corrida de Beneficiencia celebrada en Madrid.

21 de junio de 1917. Corrida del Montepío de Toreros, en la que Juan Belmonte realiza la mejor faena de su vida a un toro de Concha y Sierra. Alternaba con «Joselito» y Rodolfo Gaona, quienes triunfaron en toda regla y el público les gritaba: «los dos solos, los dos solos». Sin embargo, en el sexto de la tarde, cuando ya el público empezaba a abandonar la plaza, Juan les empequeñeció a los dos enloqueciendo al público que al final de la corrida lo llevaría en hombros hasta donde se hospedaba, más de un kilómetro de la plaza.

20 de diciembre de 1917. Debuta Juan Belmonte en la plaza de Lima, en Perú. Allí conoce a doña Julia de Cossío, con la que contrae matrimonio por poderes desde México poco tiempo después. De ese matrimonio tienen dos hijos y según se dijo y parece ser que él lo reconoció, tuvo un hijo, luego torero igual que él pero bastante peor, Juan Belmonte Campoy, con una chica de servicio de la casa. Doña Julia de Cossío lo puso en duda poco antes de morir y dijo que lo reconoció por lástima.

2 de febrero de 1920. Reaparece en España y obtiene éxitos clamorosos.

15 de febrero de 1920. Sufre una cogida grave al ser herido en el muslo derecho cuando toreaba una vaca de retienta en la finca de Padierno de don Argimiro Pérez-Tabernero.

17 de abril de 1920. Reaparece en Sevilla, torea en la feria con gran éxito y es una buena temporada.

5 de diciembre de 1920. Inicia una nueva temporada en Lima, Perú.

20 de febrero de 1921. Mata una corrida de seis toros él solo. Las reses son de la Hacienda del Olivar, de México.

18 de abril de 1921. Un toro de Santa Coloma le da una cornada en la boca, de la que se resiente Juan Belmonte el resto de su vida.

12 de junio de 1921. Reaparece después de la cornada en la boca, en Algeciras, con ganado de Gamero Cívico. Al terminar la temporada se marcha a México, donde torea varias en la capital y en los Estados. No regresa a

España en 1922 y en octubre de ese año, tras unas actuaciones en Lima, decide retirarse de los toros.

9 de junio de 1924. Actúa como rejoneador en Sevilla y al encontrarse magníficamente, decide volver a los toros.

26 de agosto de 1924. Toreando en Zumaya un festival benéfico recibe una cornada de un becerro de Pérez-Tabernero. El festival lo había organizado el pintor, gran amigo suyo, Ignacio Zuloaga.

22 de octubre de 1924. Hace una gran temporada en Lima donde consigue grandes triunfos.

31 de mayo de 1925. Reaparece Juan Belmonte en los ruedos. Debuta en Alicante con regular acierto.

30 de octubre de 1927. Cogido en Barcelona por un toro de Sánchez Rico. Esta cogida le obliga a retirarse de nuevo.

28 de octubre de 1934. Gran triunfo de Belmonte en Madrid tras una ausencia de siete años.

22 de septiembre de 1935. Última actuación de Belmonte en Madrid. Obtiene un gran éxito, saliendo en hombros de la afición, aclamado.

29 de septiembre de 1935. Juan se despide del toreo en Sevilla con una actuación inolvidable. Se lidiaron toros de Pallarés y alterna con Cayetano Ordóñez, «Niño de la Palma», al que había dado la alternativa, y Manolo Bienvenida.

8 de abril de 1962. Muere en su finca de Gómez Cardeña, seis días antes de cumplir los setenta años. En España y en el mundo entero la noticia de su muerte produce consternación. Sevilla enluta sus balcones. Lo llevan desde la catedral hasta la Maestranza, donde se hace un alto impresionante frente a la plaza de toros de sus triunfos. De allí lo conducen por las rutas que recuerdan sus años primeros y, por último, depositan el féretro ante el monumento erigido en el cementerio de San Fernando a «Joselito», su rival y compañero de glorias.

«Joselito» pareció decirle al compañero, mientras que una nube se cruzaba entre ellos y el claro cielo, «Llevo esperándote mucho tiempo. Bienvenido, Juan».

Mucho se especuló sobre la muerte del toreo, el más grande de todos los tiempos. ¿Qué fue lo que le impulsó a quitarse la vida de un tiro en la sien?

Se afirma que ese mismo día toreó un semental y que pretendió que éste le matara, ya que sus piernas se encontraban ya demasiado torpes para enfretarse él solo a un animal de esas características. También estuvo derribando vacas a caballo hasta el cansancio. Llegó a la finca —nos contaron testigos más o menos presenciales—, desmontó y subió torpemente las escaleras. Al ama de llaves, que acudió a preguntarle si deseaba algo, él le pidió una copa y papel de escribir. Se tomó la copa, escribió unas cortas líneas en las que explicó los motivos de su muerte y a renglón seguido se pegó el tiro en la sien derecha. Como es natural, los comentarios fueron para todos los gustos y de las más diversas maneras. La noche anterior, telefónicamente, se fue despidiendo uno a uno de sus mejores amigos, aunque ninguno de ellos sospechó lo más mínimo lo que podría pasar. Por último, se dijo que se había quitado la vida por el amor de una mujer. Concretamente por la rejoneadora Amina Assis a la que, al parecer, y tras un apasionado romance, él ya no podía satisfacer sexualmente. También se dijo que tenía una grave enfermedad.

Nos encontramos, pues, ante un gran dilema y un secreto que él se llevó a la tumba. Sin embargo, y aunque la guapísima rejoneadora nos confesó que ella pensaba que no había sido por esto último, es decir, por su amor, por lo que se había quitado la vida, conociendo al monstruo del toreo, nosotros nos inclinamos por esta versión.

Belmonte fue amortajado con el hábito del Cristo de la Expiración: el capuchón del hábito encubrió piadosamente el boquete del balazo. El hombre genial, al que tuvimos la ocasión de conocer personalmente poco tiempo antes de su trágico final, se fue armando alboroto, como en las tardes de gloria. A su entierro acudió todo el mundo. Los ricos, los pobres, los golfillos del Altozano, los más miserables. Sin ninguna duda nos abandonaba lo más grande del toreo. Aquél que partió la Historia en dos. A partir de que él nació, la fiesta fue otra. ¿Hubiera sido posible sin él?

Cuadro estadístico torero de J. Belmonte

Es lamentable que, a pesar de lo mucho que se ha escrito y se sigue escribiendo sobre Juan Belmonte en todos los sentidos, no se hicieran apenas estudios estadísticos, pormenorizados, de las actuaciones tanto en España como en América, del coloso del toreo de ayer y siempre.

Nosotros queremos reflejar aquí, en cifras, todas ellas.

Aparte sus temporadas de novillero —lo que en verdad cuenta es la de 1913 porque anteriormente sólo toreó de manera esporádica y casi iba de fracaso en fracaso—, Juan toreó como sigue:

	NÚMERO DE CORRIDAS		*TOROS ESTOQUEADOS*
Año	*España*	*América*	
1913	1	9	20
1914	72	9	162
1915	87	0	174
1916	44	0	88
1917	97	2	198
1918	0	10	20
1919	110	0	220
1920	59	5	120
1921	43	5	100[1]

Este último año se retira de los ruedos y vuelve en 1924. Seguimos, pues, el mismo orden.

[1] En una corrida mató a 6 toros.

1924	0	8	16
1925	29	0	60
1926	45	0	90
1927	42	0	85

Se retiró de nuevo y volvió, ahora por última vez, actuando en las siguientes ocasiones:

1934	32	0	64
1935	14	0	28

El resumen, por tanto, es el que sigue: Estuvo en activo 15 temporadas. Toreó en total 674 corridas en España y 48 en América, que hacen un total de 712 corridas estoquedas y 1.463 toros matados.

«BIENVENIDA»; MEJÍAS JIMÉNEZ, ANTONIO. Nació en Caracas (Venezuela) el 25 de junio de 1922. Se presenta como novillero en Madrid el 3 de agosto de 1939 lidiando novillos de Terrones con Joselito de la Cal y «Gallito». La alternativa le llega también en Madrid el 9 de abril de 1942, de mano de su hermano Pepe que le cedió el toro «Cabileño», aunque algunas informaciones dieron también el nombre de «Rosquero», de Eduardo Miura Fernández, de cuya ganadería se lidiaron cinco toros y uno del duque de Tovar. En esta corrida actuó de sobresaliente «Varelito II». Estuvo de matador de toros en activo durante 25 años. Su primera despedida se produce el 16 de octubre de 1966, en Madrid, matando seis toros de diversas ganaderías. Permaneció cuatro temporadas apartado de los ruedos y volvió de nuevo cuatro temporadas más, haciendo su primera salida en la plaza de Madrid el 18 de mayo de 1971.

El 5 de octubre de 1974 toreó en Vista Alegre una interesante corrida de Fermín Bohórquez y actuó con Curro Romero y Rafael de Paula. Según su misma versión, la mejor faena de su vida la llevó a cabo el 5 de septiembre de 1964, en San Sebastián de los Reyes, alternando con

Victorino Valencia y Ramón Montero, «Maravilla», que tomó la alternativa.

Nieto del banderillero Manuel Mejías Luján. Hijo del inmenso «Papa Negro», Manuel Mejías Rapela, sobrino del banderillero José Mejías Rapela y hermano de los matadores, Manolo, Pepe, Ángel Luis y Juan. Otro de sus hermanos, Rafael, murió siendo becerrista en trágicas circunstancias.

Fue un auténtico maestro del toreo al que todos los profesionales respetaban y querían. Murió el 7 de octubre de 1975 en Madrid, víctima del percance que le ocasionó una becerra de doña Amelia Pérez-Tabernero, llamada «Conocida», el 4 del mismo mes. Se le había dado puerta tras ser tentada, se volvió y entró de nuevo en la plaza pillando al torero de espaldas, le volteó, y al caer se produjo lesiones vertebrales tan graves que determinaron su fallecimiento. La ciencia nada pudo hacer por él.

«BIENVENIDA»: MEJÍAS JIMÉNEZ, JOSÉ. Llegó al mundo en Madrid el 4 de enero de 1914, siendo el segundo heredero del «Papa Negro». Tras un rodaje como novillero decide tomar la alternativa en Madrid y ésta se organiza para el 5 de julio de 1931, siendo el padrino de la ceremonia Nicanor Villalta, que le cedió el toro «Majoleto» de doña María Montalvo Montalvo. El testigo fue su hermano Manolo. Se retiró de los ruedos el 3 de octubre de 1957 en Úbeda (Jaén) actuando con sus hermanos Antonio y Juan, con ganado de Julio Morales. Murió en Lima (Perú) cuando tras participar en un festival benéfico, se sintió repentinamente mal, falleció unas horas después de un infarto. Había donado sangre para tratar de salvar la vida de Ignacio Sánchez Mejías y era un excepcional rehiletero.

«BIENVENIDA»; MEJÍAS JIMÉNEZ, JUAN. Nació en Sevilla en 31 de julio de 1929. Se presentó como novillero en Madrid el 22 de septiembre de 1949 para lidiar novillos de Clemente Tassara, en compañía de Pablo Lalanda y Rafael Ortega. Se doctora en tauromaquia el 24 de abril de 1955 en Barcelona de manos de César Girón, quien le cede, en compañía de Pedro Martínez, «Pedrés», el toro «Chorlito» del hierro de Sepúlveda de Yeltes. Esta alternativa se la confirma en Madrid el 16 de septiembre de 1956, Alfonso Merino cediéndole la muerte del toro «Bandolero», de Flores Albarrán, actuando de testigo José María Recondo. Se retiró de los toros el 20 de diciembre de 1964 en Las Palmas de Gran Canarias en un mano a mano con Paco Herrera lidiando toros de Concha y Sierra.

«BIENVENIDA»: MEJÍAS JIMÉNEZ, MANUEL. Vio la luz en Dos Hermanas (Sevilla) el 23 de noviembre de 1912. Tomó la alternativa en Zaragoza el 30 de junio de 1929, cediéndole Antonio Márquez el toro «Mahometano» de Antonio Florez Íñíguez. El testigo fue «Lagartijo». La confirmación se lleva a cabo en Madrid el 12 de octubre de 1929 toreando mano a mano con Marcial Lalanda que le cedió la muerte del toro «Huerfanito» de don Alipio Pérez-Tabernero. Murió en San Sebastián el 31 de agosto de 1938.

«BIENVENIDA»: MEJÍAS RAPELA, MANUEL. Nació en Bienvenida (Badajoz) el 12 de febrero de 1885, y era hijo del banderillero Manuel Mejías Luján y padre de los matadores Manuel, José, Antonio, Angel Luis y Juan. El 18 de diciembre de 1898 hizo su presentación en Madrid, matando dos becerros, aunque su presentación oficial la lleva a cabo en 1902 con «Regaterín» y «Mazzantinito» para lidiar reses del marqués de Villamarta. Se doctoró de manos de «El Algabeño» en la plaza de Zaragoza el 14 de octubre de 1905, quien le cedió el toro «Huidor» de Pablo Benjumea, en corrida en la que actuó como testigo Rafael Molina, «Lagartijo». La confirmación de este doctorado tuvo lugar el 14 de marzo del año siguiente, matando el toro «Jabato» de Eduardo Miura, que le cede nuevamente José García, «El Algabeño», completando la terna «Lagartijo» y Rafael González «Machaquito», en la lidia de cuatro toros de Miura y cuatro de Joaquín Murube. Se viste por última vez de luces el 9 de septiembre de 1924 en Bélmez (Córdoba), matando reses de Pérez de la Concha con Manuel Belmonte. En 1910 el crítico «Don Modesto» lo *bautizó* con el apodo de «El Papa Negro». Falleció en Madrid el 4 de octubre de 1964.

«BOMBITA III»; TORRES REINA, RICARDO. Vio la luz primera en Tamares (Sevilla) el 20 de febrero de 1879, siendo el segundo de los tres hermanos que abrazarían la profesión: Emilio, él y Manuel.

Su primitiva ocupación fue la de impresor, que abandonó pronto para seguir el ejemplo de Emilio, abrazando la profesión de torero, en la que éste ya había conseguido fama y nombradía.

Como matador de novillos, hizo su presentación en Madrid el 7 de marzo de 1897 lidiando novillos de don Tiburcio Arroyo, de Miraflores de la Sierra, siendo «Espejito», negro zaino, el primer novillo que estoqueó. Le acompañó como compañero de cartel, Juan Domínguez, «Pulguita». Posteriormente en unión de este mismo novillero capitaneó con gran éxito, una cuadrilla de jóvenes sevillanos, toreando mucho en toda España.

Tomó la alternativa en Madrid el 24 de septiembre de 1899, cediéndole José García «El Algabeño», el primer toro, «Cachucho», jabonero, del duque de Veragua, siendo testigo Domingo del Campo, «Dominguín».

Fue un auténtico figurón del toreo y fundador de la Asociación Benéfica de Toreros que él mismo fundó para ayudar a sus compañeros más necesitados y supo darlo todo por el Montepío.

Abandonó la profesión retirándose del toreo en Madrid la tarde del 19 de octubre de 1913, en corrida por él organizada a beneficio de la Asociación de Auxilios Mutuos de los Toreros. El último toro que mató fue «Cigarrón», negro entrepelao, de don Salvador García de Loma. Alternó ese día con Rafael «El Gallo», «Joselito» y Antonio Boto, «Regaterín». A partir de ese momento, dedicó sus actividades a negocios mercantiles hasta su muerte, ocurrida ésta el 29 de noviembre de 1936 con el cariño de cuantos le conocieron.

Está enterrado en el cementerio de Santa Coloma de Cervelló, en Cataluña con su querida esposa, catalana, doña María Regordosa.

Juan Belmonte.

Antonio «Bienvenida».

C

CABALLERO DEL CAMPO, ANDRÉS. Nació en San Sebastián de los Reyes (Madrid) el 20 de octubre de 1964. Tomó la alternativa en San Sebastián de los Reyes el 29 de agosto de 1986 con toros de Marcos Núñez, siendo su padrino José Ortega Cano y testigo Pepín Jiménez. La confirmó en Madrid el 18 de septiembre de 1988 con toros de El Sierro. Padrino, Paco Alcalde y testigo Rafael de la Viña. En estos momentos está bien situado en el escalafón.

CABRÉ ESTEVE, MARIO. Nació en Barcelona el 6 de enero de 1916. Tomó la alternativa en Sevilla el 1 de octubre de 1943, siendo su padrino Domingo Ortega que le cedió el toro «Negociante», de Francisco Chica. El mismo padrino tuvo en la confirmación de alternativa que lleva a cabo en Madrid el 8 del mismo mes y año con el toro de Vicente Muriel llamado «Cantito». Hombre poeta, con varios libros publicados y miles de artículos, falleció en Barcelona el 1 de julio de 1990.

«CAGANCHO»; RODRÍGUEZ ORTEGA, JOAQUÍN. Nació en Sevilla, en la calle Evangelista, número 4, el 17 de febrero de 1903, y murió en México D.F., el 1 de enero de 1984, a las cinco de la tarde, hora tremendamente taurina. Tomó la alternativa en Murcia el 17 de abril de 1927 de manos de Rafael Gómez «El Gallo» y de testigo Manuel Jiménez, «Chicuelo». Los toros fueron de Carmen de Federico y el de la alternativa respondía al nombre de «Orejillo». La confirmación de este doctorado tiene lugar en Madrid el 21 de junio de 1927, siendo su padrino Victoriano Roger, «Valencia II», y de testigo Marcial Lalanda. El toro, de María Montalvo, respondía por «Naranjo». Fue un auténtico coloso del toreo, particularmente con el capote. Engrandeció a la fiesta en todo el mundo.

CALVO MAESTRO, LUIS MIGUEL. Nació en Burgos el 26 de enero de 1967. Tomó la alternativa en Sevilla, el 26 de septiembre de 1988 con toros de Guadaira. Actuó de padrino Manuel Ruiz, «Manili», y de testigo Tomás Campuzano. La confirmó en Madrid el 30 de abril de 1989, con toros de Jiménez Pasquau, teniendo como padrino a Juan Ramos y de testigo a Lucio Sandín.

Excelente torero y también buen actor. Ha hecho cine y televisión y creemos que será donde acabe sus días.

CÁMARA CASTRO, FERNANDO. Nació en Arjona (Jaén) el 12 de diciembre de 1965. Debutó con picadores en San Martín de la Vega (Madrid) el 26 de abril de 1988. Novillos de Benjamín Vicente. Alternó con Luis Milla y Pedro Vicente Roldán. En Madrid se presentó el 11 de junio de 1989 con novillos de José Samuel Lupi, alternando con Miguel Rodríguez y Antonio Caba. Tomó la alternativa en Madrid el 23 de mayo de 1990 con toros de Fermín Bohórquez, teniendo como padrino a Rafael de Paula y de testigo a Curro Vázquez.

Es buen torero y sobre todo con el capote, cuando está bien, lo borda.

CAMINO SÁNCHEZ, FRANCISCO. Nació en Camas (Sevilla) el 14 de diciembre de 1941. Su primer trabajo fue como aprendiz de panadero. En 1954 viste su primer traje de luces en la villa onubense de Cumbres Mayores. Su padre, novillero en su juventud, y sus hermanos Rafael y Joaquín, éste muerto trágicamente en Barcelona, también fueron toreros. Tomó la alternativa en Valencia el 17 de abril de 1960 cediéndole Jaime Ostos el toro «Mandarín» de Antonio y Carlos Urquijo. Como testigo actuó Juan García, «Mondeño». La confirmación se llevó a cabo en Madrid el 12 de mayo de 1961 con el toro «Espejito», de Antonio Pérez de San Fernando, que le cedió Julio Aparicio y de testigo actuó José María Clavel, que sustituía a Antonio Borrero «Chamaco». Su mejor faena la realizó en Maracay (Venezuela) en 1967 a un toro que le indultaron. Se retiró de los toros en 1977. Sin ninguna duda fue un gran torero, si bien pudo por sus cualidades, ser el mejor de su época. Sin embargo, como a tantos otros de su gran calidad, le perdió la apatía y la «mandanga». Su toreo de capa era verdaderamente prodigioso. Sufrió varias cogidas graves.

CAMINO SANZ, RAFAEL. Hijo de Paco Camino por lo que lleva en sus venas sangre torera. Nació en Madrid el 13 de abril de 1969. Debutó con picadores en Gandía el 21 de marzo de 1986, alternando con Juan Carlos Vera y Miguel Báez Spínola, «Litri». Tomó la alternativa en Nimes (Francia) el 26 de septiembre de 1987. El padrino fue su padre Paco Camino y de testigo actuó Miguel Báez Spuny. Su padre le cedió el toro «Doliente» de Jandilla, como todos. La confirmación de esa alternativa la llevó a cabo el 24 de mayo de 1990, feria de San Isidro, con toros de Cayetano Muñoz. Julio Robles le cedió el toro «Saleroso» y de testigo actuó Roberto Domínguez.

Es un excelente torero, pero aún no ha cuajado tal como se esperaba de él. También es cierto que el público pretende ver en él a su padre, y él tiene su propia personalidad.

CÁNDIDO EXPÓSITO, JOSÉ. Nace el 30 de noviembre de 1734 y es depositado en la Casa de Expósitos de Santa María del Mar, de Cádiz, ciudad donde llega al mundo. Sus primeros pasos en el mundillo taurino los da como discípulo de «Lorencillo», con quien alternó en Madrid. La alternativa la toma el 25 de mayo de 1758, en Madrid, con el toro «Capitán», de Jijona, que le cedió su maestro «Lorencillo», actuando también en la misma corrida, Diego del Amo, «El Malagueño» y Juan Esteller.

Toreando en el Puerto de Santa María (Cádiz) el 23 de junio de 1771, un toro de «Bornos», al resbalar en un quite, le corneó mortalmente, dejando de existir en la madrugada del 24-25. Fue el primer torero del que se tienen noticias que murió por asta de toro.

Según José Daza fue un torero de buen gusto, mostrando belleza y plasticidad en las suertes.

CÁNDIDO, JERÓNIMO JOSÉ. Nació en Chiclana de la Frontera (Cádiz) el 14 de junio de 1763, muriendo en Madrid, calle Santa Brígida, 25, arruinado, el 1 de abril de 1839 y recibiendo sepultura en el cementerio de la Puerta de Bilbao. Era hijo de José Cándido Expósito. Integró en la cuadrilla de Pedro Romero cuando éste actuó por Andalucía, para terminar casándose con una hermana del maestro de Ronda. Fue el *inventor* de la vuelta al ruedo que dan los toreros en la actualidad. Su estilo de toreo fue sobrio y poderoso. Del toreo se había retirado el 8 de octubre de 1838.

CASTILLO IGLESIAS, PEDRO. Nació en Algeciras (Cádiz) el 25 de octubre de 1962. Tomó la alternativa en Algeciras el 26 de junio de 1982. Toros de Jandilla. Padrino Paco Camino y testigo José María Manzanares. La confirmó en Madrid el 1 de mayo de 1983 con toros de Murube, teniendo por padrino a Paco Alcalde y de testigo a «El Bayas».

CASTRO GONZÁLEZ, DAVID. Nace en Valladolid el 5 de junio de 1969. Y llega al mundo en la plaza de San Juan, junto a la casa del monstruo del baile, Vicente Escudero. Desde muy niño y guiado por su padre Clemente Castro y su tío Santiago, se empieza a preparar para lo que sería después. Tomó la alternativa en Valladolid el 13 de mayo de 1990, con toros de Los Guateles, siendo padrino Roberto Domínguez quien le cede el toro «Ruiseñor», número 17, de pelo negro y con 484 kilos. El testigo de la ceremonia es Juan Antonio Ruiz, «Espartaco». La confirmó en Madrid el 1 de octubre de 1991 con toros de Sepúlveda, teniendo por padrino a José María Manzanares y a César Rincón testigo. Es un excepcional torero con el capote y de un gusto exquisito con la muleta. La temporada de 1993 es, sin ninguna duda, la de su consagración como un verdadero coloso del toreo y si le respetan los toros pueden pasar a la historia como uno de los que mejor toree con el capote.

CAVAZOS RAMÍREZ, ELOY AMÉRICO. El mexicano es más conocido por «Eloy Cavazos» pero él prefiere que se le pongan todos apellidos normales. Nació en la Villa Guadalupe (México) el 25 de agosto de 1950. Tomó la alternativa en Monterrey (México) el 28 de agosto de 1966 con el toro «Generoso», de Memiahuapan. Padrino, Antonio Velázquez y Manolo Martínez como testigo. Acababa de cumplir 16 años. El 14 de enero de 1968 confirma su alternativa en la Plaza México con toros de Jesús Cabrera. Alfredo Leal le cede el toro «Talismán». El testigo fue Jaime Rangel. En 1971 llega el mexicano a España y el 20 de mayo, en la séptima corrida de la Feria de San Isidro, confirma la alternativa en Madrid con el toro «Retoñito» de José Luis Osborne, que le cede Miguel Mateo «Miguelín» actuando de testigo Gabriel de la Casa. Es un torero alegre, muy pinturero, que gustó mucho en España llegando a poseer gran cartel.

CEPEDA MELO, FERNANDO. Nació en Gines (Sevilla) el 29 de mayo de 1964. Tomó la alternativa en Madrid el 25 de mayo de 1987, con toros de Torrealta, siendo apadrinado por Rafael de Paula y como testigo José María Manzanares. Esa tarde demostró Cepeda su buen toreo y la clase que llevaba dentro. Luego ha cosechado éxitos muy importantes a lo largo de estos años, si bien no ha continuado con la fuerza de los primeros. Es de esperar que se vaya arriba y no defraude a sus miles de seguidores.

«CÉSAR RINCÓN»; JULIO CÉSAR. Nació en Bogotá (Colombia) el 5 de septiembre de 1965. Tras no poca lucha como aspirante y después como novillero, llegó a la alternativa en la Plaza de la Santamaría de Bogotá el 8 de septiembre de 1982, de manos de Antonio Chenel «Antoñete» y de testigo José María Manzanares, con toros de Vistahermosa. La confirmó en Madrid el 2 de septiembre de 1984, con toros de Lamamié de Clairac. Su padrino fue Manuel Ruiz, «Manili», y de testigo José María Manzanares. A partir de aquí sufrió un calvario para situarse hasta que llega a Madrid el 21 de mayo de 1991 y logra salir por la puerta grande con un gran triunfo. Salida que repetirá en esa misma plaza hasta cuatro veces y ya su carrera es imparable. Es buen torero que tiene la virtud de llegar fácil a la masa y al aficionado. Sin ninguna duda vino a llenar el vacío que dejó Pepe Cáceres al morir.

«CHAMACO»; BORRERO MORANO, ANTONIO. Nació en Huelva el 13 de febrero de 1935. Recibe la alternativa en Barcelona el 14 de octubre de 1956 de manos de Miguel Báez «Litri» que le cede el toro «Largirucho», número 237, negro, de Antonio Urquijo. Testigo, Antonio Ordóñez. Este doctorado lo confirma en Madrid el 21 de mayo de 1958, cediéndole Julio Aparicio el toro «Sevillano», de Alipio Pérez Tabernero Sanchón. El testigo es Luis Segura. Se retiró del toreo el 14 de septiembre de 1967 en Barcelona, donde lidió reses de Joaquín Buendía con Rafael Ortega, Juan García, «Mondeño» y el rejoneador Álvaro Domecq. Fue un torero espectacular y bullidor que gustaba a las masas.

«CHICUELO»; JIMÉNEZ MORENO, MANUEL. Nació en Sevilla, en el barrio de Triana, el 15 de abril de 1902. Fue hijo del matador de toros del mismo nombre y apodo. Tomó la alternativa en Sevilla el 28 de septiembre de 1919, siendo su padrino Juan Belmonte y testigo su hermano Manuel Belmonte. El toro del doctorado se llamaba «Vidriero» del conde de Santa Coloma. La confirmó en Madrid el 18 de junio de 1920, siendo su padrino Rafael Gómez, «El Gallo», completando el cartel Juan Belmonte y «Fortuna». El toro, del duque de Veragua, se llamaba «Volandero». Falleció en Sevilla el 31 de octubre de 1967. Fue un gran torero.

«COCHERITO DE BILBAO»; JAUREGUIBEITIA IBARRA, CASTOR. Nació en Bilbao el 20 de diciembre de 1876. Tomó la alternativa en Madrid el 6 de septiembre de 1904, siendo padrino Antonio Fuentes, quien le cedió la muerte del toro «Zambombito», de Eduardo Ibarra. El testigo o testigos, dos, fueron Ricardo Torres, «Bombitas», y Rafael González Madrid, «Machaquito».

Fue un inmenso torero el cual dominó todas las suertes y se le quiso y admiró como persona. Murió en el sanatorio de Guadarrama, Madrid, el 28 de febrero de 1928.

COLLADO GARCÍA, CARLOS. Es más conocido por «Niño de la Taurina», aunque cada día se le nombra menos por este apodo de novillero. Nació en Santa Olalla (Toledo) el 27 de enero de 1970. Tomó la alternativa en Toledo el 20 de agosto de 1988, con toros de Luis Algarra. El de la ceremonia respondía al nombre de «Pejugalero», negro zaino, número 4, de 483 kilos. Su padrino fue Antonio Chenel Albadalejo, «Antoñete», y de testigo José Ortega Cano. La confirma en Madrid el 19 de mayo, Feria de San Isidro de 1989, con toros de Los Guateles. Su padrino fue José María Manzanares y de testigo actuó Julio Robles. Buen torero pero se ha quedado un poco estancado. Esperamos que se recupere.

CORTÉS DE LOS SANTOS, MANUEL. Nació en Gines (Sevilla) el 11 de junio de 1949. Tomó la alternativa en Valencia el 14 de mayo de 1968, con toros de Murube, siendo testigo Miguel Mateo «Miguelín» y también confirmado por los mismos el 14 de mayo de 1969. Torero de un excelente corte de torero pero muy desigual en sus actuaciones. Eso hizo que haya tenido unas temporadas muy bajas, aunque ahora parece que se ha reencontrado de nuevo en Madrid.

«COSTILLARES»; RODRÍGUEZ Y DE CASTRO, JOAQUÍN. Nació en Sevilla el 23 de marzo de 1746, y lo hace en el mismísimo barrio de San Bernardo, que ha tenido el privilegio de ser la cuna de muchos y grandes toreros en todas las épocas.

El padre de «Costillares» era dependiente del matadero sevillano; y en cuanto vio que su hijo, por la edad, podía ayudarle en el oficio, lo llevó consigo y lo dedicó a las faenas del mismo. Pero «Costillares», nada tonto y muy decidido, pensó pronto que él llegaría más lejos que su padre. Se acercó entonces al notable matador de toros de aquella época, Pedro Palomo, quien vio en él magníficas cualidades para ser torero, le dio algunas lecciones, le ayudó y protegió mucho, hasta que le presentó en público formando parte de su cuadrilla contando solamente dieciséis años de edad.

Sus actuaciones como banderillero, siempre fino, decidido y con gran pundonor, le hicieron sobresalir con rapidez y su fama como peón de brega pronto era conocida en todas partes.

Contando solamente dieciséis años Manuel Bellón, «El Africano», le dio la alternativa en Sevilla, el 12 de mayo de 1762, y a partir de ese momento, empezó a subir notablemente y su fama se empezó a conocer en todas partes. La notabilidad en el modo de torear de «Costillares» no consistía precisamente en que la lidia fuese más o menos brillante, de mejor ejecución que la de otros, sino que tenía un modo muy especial de llevarla a cabo y siempre reflexionaba antes de equivocarse. Era pura creatividad y así de él salió el matar a los toros a volapié y la verónica, además de la innovación del traje de luces hasta llevarlo casi al modelo actual y de menos peso.

Le tocó enfrentarse a las grandes figuras de la época, como Pedro Palomo, «El Africano», Pedro Romero o «Pepe-Hillo» y a fe que desempeñó un papel importante entre todos ellos y éstos le admiraron por la forma en que estudiaba los toros.

Para hacer un resumen de su vida torera, podríamos afirmar que fue un estudioso de todos los tipos de toros y a todos les dio su lidia.

En pleno auge de Pedro Romero y «Pepe-Hillo», tuvo Joaquín la desgracia de que se le formase un tumor en la palma de la mano derecha, que le impidió continuar en el toreo. La pena que en él produjo tal enfermedad, más que los años, fue la que le hizo contraer otra, de la que murió con gran dolor de los que le conocieron y con la indudable pérdida para el toreo, en Madrid el 27 de enero de 1800, año anterior al de la desgraciada muerte de su discípulo predilecto «Pepe-Hillo».

CRUZ DE LA CASA, JUANITA. Nació en Madrid, en la calle Jorge Juan el 17 de febrero de 1917, y cuando apenas tenía dos años, fue trasladada a la Avenida de la Plaza de Toros, hoy Felipe II. Desde muy jovencita sintió una enorme pasión por los toros. Tras muchas vicisitudes, pues en España no dejaban torear a las mujeres, logra destacar con enorme fuerza llenando todas las plazas donde toreaba. Su presentación en Las Ventas, de Madrid, el 2 de abril de 1936, jueves, fue todo un acontecimiento y agotó las localidades. Toreó con grandes figuras, como «Manolete» o Rodolfo Gaona. La alternativa la tomó en Fresnillo, estado mexicano de Zacatecas, el 17 de marzo de 1940 de manos de Heriberto García. Fue llamada «La Diosa del Toreo» porque, sin dejar de ser mujer, toreaba como los grandes maestros. Su gran corazón torero dejó de latir a las cinco de la tarde, ¡qué hora más taurina!, del 18 de mayo de 1981 en Madrid. Tiene un Monumento en el Cementerio del Este.

«CÚCHARES»; ARJONA HERRERA, FRANCISCO. Nació en Madrid el 19 de mayo de 1818 y murió en La Habana el 4 de diciembre de 1868 víctima del vómito negro. Sus restos fueron trasladados a España y llevados a Sevilla; se le enterró en el cementerio de San Fernando.

Asistió a las clases de la Escuela de Tauromaquia de Sevilla y tanto Pedro Romero como Jerónimo José Cándido pusieron muchas esperanzas en él. En Madrid actuó por primera vez el 27 de abril de 1840, matando toros de Veragua y de doña Manuela de la Dehesa, en compañía de Juan Pastor. No se pareció a nadie y de ahí su inmensa fama, aunque nadie ha explicado el por qué de que se dice: «el arte de "Cúchares"».

Más que dominar a los toros, los mareaba. Su apodo aparece por primera vez el 6 de junio de 1842 en un cartel de Madrid.

CUÉLLAR FERNÁNDEZ, JUAN ANTONIO. Nació en Colmenar de Oreja (Madrid) el 1 de diciembre de 1967. Tomó y confirmó la alternativa en Madrid el 25 de mayo de 1989 con toros de María Lourdes Martín. El padrino fue Curro Vázquez; le cedió el toro «Araposo». De testigo actuó Víctor Mendes. Es un buen torero y ha cosechado triunfos memorables, pero en los últimos años no le acompaña la suerte con los toros. En cualquier caso, cualquier día surge el triunfo sonado.

«CURRO GUILLÉN»; HERRERA RODRÍGUEZ, FRANCISCO. Vio la luz primera en Utrera (Sevilla) el 16 de noviembre de 1783. Era hijo de Francisco Herrera Guillén. Cuando el gusanillo de los toros le empieza a picar, marcha a Portugal y a su regreso, en 1814, torea por primera vez en España. El 10 de abril de 1815 se presenta en Madrid alternando con «El Castellano» y «Sentimientos», actuando también «El Bolero» como media espada.

El 20 de mayo de 1820, en la plaza de Ronda (Málaga), el primer toro del encierro, de la ganadería de don José Rafael Cabrera, retinto y con casi siete años, le corneó en varias partes del cuerpo, falleciendo casi en el acto ya que no se le pudo ni hacer la primera cura en el callejón. Fue un torero muy valeroso, hasta el punto de que les llegaba a los toros por atrás y les acariciaba el lomo.

«CURRO ROMERO»; ROMERO LÓPEZ, FRANCISCO. Nació en Camas (Sevilla) el 1 de diciembre de 1933, aunque algunos biógrafos afirman que en 1935. Él pasa de aclarar nada. A los quince años inicia su carrera taurina en La Pañoleta de Sevilla, y con picadores debutó el 8 de septiembre del mismo año en Utrera (Sevilla); es decir, en 1954. Toreó tres temporadas en las plazas del Sur, y el 18 de julio de 1958 hizo su presentación en Madrid, con Adolfo Aparicio y «Vázquez II», obteniendo un gran éxito. Tomó la alternativa en Valencia el 18 de marzo de 1959, cediéndole el toro «Vito», del Conde de la Corte, Gregorio Sánchez, teniendo como testigo a Jaime Ostos. La confirma en Madrid el 19 de mayo de 1959, con toros de Eusebia Galache de Cobaleda. Pepe Luis Vázquez le cede el toro «Lunito», y de testigo actuó Manolo Vázquez. Es el torero de un pase, de un lance maravilloso que se recuerda para siempre. Torero de quintaesencia, del destello iluminado, de la medrosidad, más artista que lidiador, la genialidad vestida con traje de luces.

«CURRO VÁZQUEZ»; VÁZQUEZ RUANO, MANUEL. Nació en Linares (Jaén) el 1 de mayo de 1951. Tomó la alternativa en la plaza de Vista Alegre (Madrid) el 12 de octubre de 1969. Actuó mano a mano con José Fuentes, que le cedió el toro «Batanero», de «Barcial» (José Luis Cobaleda), éste le dio una cornada grave. Era un toro impresionante de armadura, berrendo en colorado, careto y calcetero, y estaba marcado con el número 70. Confirmó la alternativa en Madrid el 15 de mayo de 1971. El mexicano Antonio Lomelín le cedió el toro «Bailandito» de Alonso Moreno de la Cova. El testigo fue el portugués José Falcón. Buen torero, especialmente con el capote, es bastante desigual.

Eloy Cavazos.

César Rincón.

Paco Camino.

D

DOMÍNGUEZ DÍAZ, ROBERTO. Nació en Valladolid el 21 de febrero de 1953. Tomó la alternativa en Palma de Mallorca el 20 de agosto de 1972. Los toros fueron de Cebada Gago. José María Manzanares le cede el toro «Torero» y de testigo actuó Julio Robles. La confirma en Madrid el 18 de mayo de 1975 con toros de Martín Berrocal. Ángel Teruel le cedió el toro «Loquito». De testigo actuó Julio Robles.

Se retiró en 1992 y fue un torero de gran clase, particularmente toreando con el capote.

DOMÍNGUEZ RODRÍGUEZ, FERNANDO. Nace en Valladolid el 2 de julio de 1907. Debutó sin picadores en una novillada nocturna el 5 de julio de 1930, haciéndolo con picadores el 12 de agosto de 1932 con novillos de Argimiro Pérez y teniendo por compañeros a «Niño de Puerta Real» y a «Toreri». Toma la alternativa el 18 de marzo de 1933 en Valencia, cediéndole Vicente Barrera el toro «Mohoso» de Manuel Camacho, actuando de testigos Domingo Ortega y Victoriano de la Serna. La confirmación tiene lugar en Madrid el 16 de mayo, mes de San Isidro, o mini feria del mismo año, con toros de Coquilla. Su padrino fue Marcial Lalanda que le cedió el toro «Pocapena». El testigo fue Domingo Ortega. Estuvo nueve temporadas seguidas. Se retiró en 1942 y volvió en 1944, toreando solamente siete corridas. La guerra civil frenó enormemente su carrera. Fue un torero prodigioso con el capote y un buen muletero. Su participación en la corrida en la que perdió la vida Pascual Márquez (18 de mayo de 1941) pesó profundamente en su ánimo torero. Murió en Valladolid, donde residía, el 23 de noviembre de 1976.

«DOMINGUÍN»; GONZÁLEZ LUCAS, LUIS MIGUEL. Nació en Madrid el 9 de diciembre de 1926, en la calle de San Bernardo. Hijo de Domingo González Mateos y hermano de Domingo y Pepe. Dio los primeros capotazos a una becerra de Méndez en El Escorial, y vistió de corto por primera vez a los once años en Lisboa donde mató dos becerros. Toreó 22 festivales en 1938 y estrenó su primer traje de luces en Linares en 1939. En 1940, contando sólo catorce años, fue llamado «Dominguín chico». El 23 de noviembre de 1941 tomó la alternativa en Bogotá (Colombia) de manos de Domingo Ortega, pero como carecía entonces de validez, cuando regresó a España, siguió toreando como novillero. De tal manera se presenta en Madrid el 5 de septiembre de 1943. Lidia, con «El Boni» y «Angelete», novillos de Arturo Sánchez Cobaleda. Empiezan sus grandes éxitos y, naturalmente, sus numerosos contratos que, de inmediato, le llevan a la alternativa. Ésta tiene lugar el 2 de agosto de 1944 en la plaza de toros de La Coruña. Es padrino de la ceremonia Domingo Ortega que le cede el toro negro, marcado con el número 34, de nombre «Cuenco», de la ganadería de Samuel Hermanos. El testigo fue su hermano Domingo. Un año más tarde, el 14 de junio de 1945, Manuel Rodríguez Sánchez, «Manolete», le confirma en Madrid esa alternativa, al cederle el toro llamado «Secretario», negro listón, de Antonio Pérez. El testigo fue Pepe Luis Vázquez. En 1945-50 es la época de sus giras por América; también las grandes cornadas por su cuerpo. Comienza su fama internacional. Año 1950-60, años de esfuerzo y de grandes triunfos. También su matrimonio con la actriz Lucía Bosé. Primero, en La Vegas; después, en Madrid. Nace su hijo Miguel en Panamá, y es apadrinado en el bautismo por Lucino Visconti. En el 61 se retiró de los toros y se entrega a la «dolce vita». Cacerías y safaris. Grandes juergas. Se separa en privado de Lucía Bosé y establece un nuevo amor. No aparece en los carteles hasta el día del Festival pro damnificados del Perú y decide volver. Reaparece en Las Palmas el 10 de junio alternando con Antonio Bienvenida y Miguel Márquez. Poco después lleva la «corrida de toros» a Belgrado dos tardes. Toros de Guardiola y Núñez.

En 1972 tiene una brillante temporada. Casi sesenta corridas. Herido en América, interrumpe. Mantiene sus buenos negocios privados. Todavía afronta un pleito, junto con su fotógrafo Gigi Corbete, por unas fotos aparecidas en la revista «Garbo». En 1973 obtiene grandes triunfos y contratos. Vuelve a San Isidro y muestra sus buenas maneras de lidiador. Sus honorarios se mantienen con toda categoría y sigue teniendo ese inmenso tirón para las mujeres y levanta la polémica en los hombres.

En 1973, el 1 de diciembre, en la feria de Quito (Ecuador), dando la alternativa a Edgar Peñaherrera y teniendo por compañero a Palomo Linares, con un encierro de Francisco Galache, dice adiós al toreo para siempre.

Fue un encarnizado rival de «Manolete» y no ha faltado quien le acusara de su muerte por obligarle a justificarse tanto ante el público que el monstruo cordobés no tuvo más remedio que dejarse colgar de los pitones de «Islero».

Roberto Domínguez.

Luis Miguel Dominguín.

E

«EL CHICLANERO»; REDONDO DOMÍNGUEZ, JOSÉ. Nació en Chiclana de la Frontera (Cádiz) el 13 de marzo de 1818, y al morir su padre que era labrador, decidió dedicarse a la lidia de reses bravas. Tomó la alternativa de manos de Francisco Montes, «Paquiro», en Bilbao el 26 de agosto de 1842, lidiando reses navarras de Carraquirri. La confirma en Madrid, de manos de «Paquiro», el 15 de septiembre del mismo año, dando muerte, neófito y maestro, a seis toros de Gaviria, Juan Arias y Juan Castrillón. Fue un torero de masas que provocaba grandes amores y grandes odios. Murió en Madrid, tuberculoso, el 28 de marzo de 1853. Su entierro constituyó un auténtico acontecimiento de dolor.

«EL CHONI»; MARCO GÓMEZ, JAIME. Vio la luz primera en Valencia el 20 de noviembre de 1920. Desde muy niño le gustaron los toros y empezó su andadura *oficial* en 1940, con la banda «El Empastre», en Barcelona. Toma la alternativa en Valencia de manos de Manuel Rodríguez, «Manolete» quien le cede el toro «Tendero», de Antonio Escudero Calvo, siendo testigo «El Andaluz». Confirma este doctorado en Madrid el 6 de mayo de 1945. Pepe «Bienvenida» le cede el toro «Comadrito», de Garci-Grande. El testigo es Rafael Albaicín. Se retiró de la profesión en 1958, si bien en un principio estuvo muy relacionado con el ambiente taurino, en particular con México. Vive todavía.

«EL CORDOBÉS»; BENÍTEZ PÉREZ, MANUEL. Nació en Palma del Río (Córdoba) el 4 de mayo de 1936. En sus primeros años como maletilla y de torero furtivo, toreaba en placitas y fincas por el día y por la noche. Su presentación con picadores la llevó a cabo en la misma población de su nacimiento matando en solitario cuatro novillos, el 28 de agosto de 1960, actuando con el rejoneador don Álvaro Domecq Romero y con novillos de este último. Manuel Benítez cortó esa tarde seis orejas, un rabo y una pata.

No toreó como novillero en Madrid, pero a partir del día en que debutó con picadores, sus triunfos fueron francamente espectaculares llamando poderosamente la atención entre los públicos, sobre todo el menos aficionado, pero lo cierto es que ya de novillero llenaba las plazas.

Tomó la alternativa en Córdoba el 25 de mayo de 1963, siendo su padrino el maestro Antonio Bienvenida y testigo José María Montilla, con toros de Samuel Flores. Cortó esa tarde cuatro orejas y un rabo y se consideró un auténtico acontecimiento el que el padrino fuese precisamente un torero tan clásico como Antonio Bienvenida ya que los aficionados puros no aceptaban la manera tan personal y poco clásica en que este torero toreaba.

Ese doctorado lo confirma en Madrid el 20 de mayo de 1964 con el toro «Impulsivo», de la ganadería de Benítez Cubero, actuando de padrino Pedro Martínez, «Pedrés», y de testigo Manuel García «Palmeño». El toro «Impulsivo» le dio una gravísima cornada al iniciar la faena de muleta que le tuvo a las puertas de la muerte. Se le concedió una oreja sin haber entrado a matar, caso único en esta plaza.

Pero retrocedamos un poco en su vida para decir que vistió su primer traje de luces en Talavera de la Reina (Toledo) el 15 de agosto de 1959 con una novillada de Mariano García y demuestra un valor poco común. Sus triunfos se fueron demostrando cada vez seguidos más de cerca por la prensa, hasta el punto de que se presenta en Sevilla y corta un rabo tras quince años sin que nadie lo cortara. En 1965 torea nada menos que ciento once corridas perdiendo varias más por el rodaje de la película «Aprendiendo a morir»; en 1967 suma ciento nueve y en 1970 bate todos los récords actuando nada menos que ciento veintiuna tarde. Tiene la *Medalla de Oro al mérito Turístico* y, sin ninguna duda, ha sido el diestro de este siglo que más polémica ha levantado. Se retiró en Oviedo la temporada de 1972, si bien reapareció en 1979 para retirarse en Albacete, en 1981, si bien nunca ha dicho que se retiraba definitivamente. Este año, durante el 1993, ha toreado varios festivales, todos con gran éxito y su vuelta al ruedo se ha presentido.

Para terminar digamos que durante el 1969, dando la espalda a los empresarios, él y Palomo Linares montaron sus corridas en una plaza desmontable llamada «La Guerrillera» hasta que los empresarios más poderosos tuvieron que ceder y les hizo firmar en una almohada.

En cuanto a su toreo, además del llamado «Salto de la rana» de su invención, toreó tan clásicamente como el mejor y a la hora de dar espectáculo lo hacía como nadie.

«EL CORDOBÉS II»; DÍAZ, MANUEL. Nació en Arganda del Rey (Madrid) el 30 de junio de 1968. Desde muy joven se trasladó a Córdoba con su madre y tras muchos cambios de apoderados, por fin encontró a Paco Dorado, que fue el que le encauzó hacia lo que es hoy. En Córdoba estuvo en la Escuela Taurina y pronto aprendió las lecciones. En esa misma ciudad debutó con caballos en corrida mixta el Domingo de Resurrección de 1985, actuando con Curro Romero y «Espartaco».

Empezó apodándose «Pelillos» pero en 1988 se decide por «El Cordobés», en clara referencia al diestro Manuel Benítez del cual asegura ser hijo. Tras una temporada en México, donde le fueron bien las cosas, regresó y tomó la alternativa en Sevilla el 11 de abril de 1993, Domingo de Resurreción, de manos de Curro Romero en presencia de

Juan Antonio Ruiz, «Espartaco». Curro le cedió la lidia y muerte del toro de Torrestrella «Quitasuerte». Vistió esa tarde de verde y oro. Esa alternativa la confirmó en Madrid el 20 de mayo, jueves, de manos del mexicano «Armillita» y como testigo Fernando Lozano. Los toros fueron de Baltasar Ibán y fue cogido por su segundo.

Posee un toreo entre clásico y tremendista y gracias al apodo que usa se ha hecho popular en todo el mundo y se ha empezado a codear con los mejores del escalafón. Para que el lector se haga una idea, en Madrid, por cada corrida que toreó, cobró diez millones.

«EL ESPARTERO»; GARCÍA CUESTAS, MANUEL. Vino al mundo en Sevilla el 18 de enero de 1865. Fue bautizado en la parroquia de San Marcos, imponiéndosele el nombre de Manuel Prisca de la Santísima Trinidad. Hizo su presentación como novillero en su ciudad natal el 12 de julio de 1885. Fue tan grande su éxito que poco después, el 13 de septiembre del mismo año, y en la misma plaza, tomaba la alternativa, de manos de Antonio Carmona, «El Gordito», que le cedió la muerte del toro «Carbonero», del marqués de Saltillo. Confirma la alternativa el 14 de octubre de ese mismo año. «El Gallo» (Fernando), es el padrino y como testigo iba a figurar «Lagartijo» pero se negó alegando que no había visto torear al neófito. Los toros fueron de Núñez Prado y el toro se llamó «Pichón». Torero de auténtica vergüenza torera, cosa poco habitual. Murió en Madrid, a consecuencia de la cornada que le produjo el toro «Perdigón», colorado y ojo de perdiz, de la ganadería de Miura el 27 de mayo de 1894. Actuaba con «Zocato» y Antonio Fuentes.

«EL ESTUDIANTE»; GÓMEZ CALLEJA, LUIS. Llegó al mundo en Alcalá de Henares el 19 de febrero de 1911. En Madrid presenta sus cartas taurinas el 2 de agosto de 1931, matando novillos de Juan Cobaleda en compañía de Cecilio Barral y Rafael Mira, «Minuto». Recibe la borla del doctorado en Valencia el 20 de marzo de 1932 de manos de Marcial Lalanda, que le cede el toro «Socorrido» de Carmen de Federico, en presencia de

Vicente Barrera. En el escaso tiempo de un mes, el 21 de abril, confirma la alternativa en Madrid al cederle el toro «Alguacil», del duque de Tovar, Joaquín Rodríguez, «Cagancho», con Vicente Barrera de testigo. Se despide de los ruedos el 19 de junio de 1947. Por fortuna aún nos vive y es un excepcional hombre como persona donde las penas estando a su lado no existen. Todo un señor del toreo y del humor.

«EL GALLO»; GÓMEZ ORTEGA, RAFAEL. Llega al mundo en Madrid el 17 de julio de 1882, concretamente en la calle de Los Madrazo. Pronto fue trasladado a Sevilla por lo que muchos aficionados le creen sevillano. Al principio de su carrera usó el apodo de «Gallito» y en 1912, al hacer su aparición en los ruedos con fuerza, su hermano José, suprimió el diminutivo, tomando el nombre artístico de su padre, Fernando Gómez, «El Gallo». Emilio Torres, «Bombita» le dio la alternativa en Sevilla el 28 de septiembre de 1902, cediéndole el toro «Repeloso» del hierro de Carlos Otaolaurrichi. De testigo actuó Ricardo Torres, «Bombita». Confirmó esta alternativa en Madrid el 20 de marzo de 1904, lidiando mano a mano toros del duque de Veragua con Rafael Molina «Lagartijo». El toro de la ceremonia se llamaba «Barbero». Se vistió por última vez de luces el 4 de octubre de 1936 en Barcelona y murió en Sevilla el 25 de mayo de 1960. Fue un torero auténticamente general y ya retirado le gustaba alternar con sus amigos en los cafés sevillanos.

«EL SOLDADO»; CASTRO SANDOVAL, LUIS. Nació en Mixcoac (México) el 25 de agosto de 1912. Tomó la alternativa en Castellón de la Plana el 24 de marzo de 1935, apadrinándolo Rafael Gómez, «El Gallo» y de testigo, Lorenzo Garza. Se le cede el toro «Perlito» de Carmen de Federico. Confirma ese doctorado el 2 de mayo de 1935 de manos de Rafael Gómez, «El Gallo» y Marcial Lalanda actúa de testigo. El toro, de Rafael y Leopoldo Lamamié de Clairac se llamaba «Buenas tardes». Falleció en México, D. F., el 13 de noviembre de 1990. Torero de gran corazón e inmenso valor.

«EL SORO»; RUIZ SORO, VICENTE. Nació en Foyos (Valencia) el 30 de mayo de 1962. Tomó la alternativa en Valencia el 14 de mayo de 1982. Paco Camino fue su padrino y le cedió la muerte del toro, de Torrestrella, «Agradecido». El testigo fue Pepe Luis Vázquez. La confirmó en Madrid, en San Isidro, el 21 de mayo de 1982, teniendo como padrino a Rafael de Paula, que le cedió el toro del Marqués de Domecq «Empeñado» en presencia de Pepín Jiménez. Es un torero bullidor, a veces muy espectacular, que llega mucho a las masas. Su forma de poner las banderillas es única y, a pesar de que se le critica, como a «El Cordobés» el famoso salto de la rana, cierto es que muchos quisieran ser capaces de hacerlo.

«EL TATO»; SÁNCHEZ, ANTONIO. Llegó al mundo en Sevilla el 6 de febrero de 1831 y murió en la misma ciudad el 7 de febrero de 1895. Tomó la alternativa en Madrid el 30 de octubre de 1853. Y se la concedió su suegro, Francisco Arjona Herrera, «Cúchares», en corrida de ocho toros, en la que alternaban Cayetano Sanz, Manuel Arjona y «Regatero», como media espada. Su primer toro, de la ganadería de don Gaspar Muñoz, se llamó «Cocinero». El 7 de junio de 1869, en una corrida organizada por la Diputación de Madrid, donde se corrieron seis toros por la mañana y seis por la tarde, el cuarto, «Peregrino», de don Vicente Martínez, castaño, hirió a «El Tato» en la pierna derecha y a consecuencia de esta cornada le fue amputada la misma el día 14. Volvió a intentar torear con una pierna ortopédica el 14 de agosto de 1871, en Badajoz, pero todo fue inútil, se tuvo que sentar en el estribo llorando. Esa tarde le aplaudieron hasta los más recalcitrantes enemigos, que los tuvo. Fue un gran torero.

«EL VITI»; MARTÍN SÁNCHEZ, SANTIAGO. Nació en Vitigudino (Salamanca) el 18 de julio de 1938. Se presenta en Madrid, de novillero, el 18 de julio de 1960 con Tomás Sánchez Jiménez y Antonio de Jesús. Los novillos fueron de Juan José Ramos. En esta misma plaza toma la alternativa el 13 de mayo de 1961. Su padrino es Gregorio Sánchez que le cede el toro «Guapito», de Alipio

Pérez-Tabernero Sanchón, siendo testigo Diego Puerta. Tras una trayectoria ejemplar en los ruedos, se retira definitivamente el 16 de septiembre de 1979 en Valladolid. Sus compañeros de terna fueron Roberto Domínguez y Luis Francisco Esplá. Y los toros, cinco de Lamamie de Clairac y uno de El Jaral de la Mira.

Hoy es ganadero.

«ESPARTACO»; RUIZ ROMÁN, JUAN ANTONIO. Nació en Espartinas (Sevilla) el 3 de octubre de 1962. Tomó la alternativa en la plaza de Huelva el 1 de agosto de 1979, con una corrida de lujo de Carlos Núñez, teniendo como padrino nada menos que al famoso Manuel Benítez Pérez, «El Cordobés», y de testigo Manolo Cortés. Se entretuvo en cortar nada menos que cuatro orejas y dos rabos saliendo en hombros de la multitud. Ese doctorado lo confirma en Las Ventas, de Madrid, el 25 de mayo de 1982 con toros de Matías Bernardo teniendo como padrino a Francisco Rivera Pérez, «Paquirri», y como testigo a Manolo Cortés.

Sus primeros pasos en el planeta de los toros los dio de la mano de su padre, que fue novillero puntero y más tarde, aunque no por mucho tiempo, banderillero de su propio hijo. Su padre le enseñó todo lo que él había aprendido y también le dio los mejores consejos para llevarle al éxito. Él, por su parte, pronto fue aprendiendo la técnica y eso al final, aunque sufrió un gran bache que casi lo lleva al ostracismo total, ha dado un gran resultado aunque no faltó quien le criticase en un principio.

Encabezó el escalafón de matadores durante siete temporadas seguidas, si bien otro año más, también quedó en cabeza. He aquí los años: 1982; 1985 y seguido hasta el 1991. En el 1987 toreó 100 corridas y en 1990, 107.

Es un torero poderoso, con impresionante dominio de la técnica del toreo y pocos toros se le van sin que él les haya hecho faena. En un principio, no se le consideró un torero ortodoxo, pero conforme se fue afianzando en la profesión, las opiniones de los críticos y escritores más exigentes fueron cambiando de criterio y hoy es considerado como uno de los más puros en todos los sentidos. En realidad el toreo del diestro de Espartinas está entre la más pura ortodoxia y el tremendismo, que unido a su tremendo valor da un profundo sentido a su toreo, cada vez más poderoso y dominador. Posee, por otro lado, una de las cualidades fundamentales en su profesión: honradez profesional y entrega absoluta a su profesión en todos los sentidos. Una responsabilidad tan acusada que le hace salir todos los días que torea como si fuera la primera tarde y como un novillero cualquiera vencer algunos defectos de que era acusado.

Él mismo nos confesaba: «Jamás se podrá decir que el toreo es un número frío y escueto, al menos a mi manera de ver el toreo. El público, además de que el torero conozca su oficio y vea su entrega, admira y se siente identificado con el corazón y la mente del torero. Lo demás, si te acompaña un poco la suerte, se irá logrando todo».

Está casado con Patricia Rato, matrimonio que se celebró en el más absoluto de los secretos en la madrugada del 7 al 8 de junio de 1991 en Espartinas, en el Santuario de Nuestra Señora de Loreto. Él tenía 29 años y ella 23. Y justo siete meses después, el domingo 26 de enero a las 14,30 horas de 1992, en la madrileña clínica de Loreto, nació su primera hija, que se llama Alejandra y pesó al nacer tres kilos y medio y midió 50 centímetros.

Hoy, cuando se cierra esta edición, es un matrimonio plenamente feliz y él, uno de los mejores toreros de esta época.

ESPLÁ MATEO, JUAN ANTONIO. Nació en Alicante el 29 de septiembre de 1960. Tomó la alternativa en Palma de Mallorca el 3 de septiembre de 1978, de manos de su hermano, Luis Francisco y estando de testigo José Luis Palomar. La confirma en Madrid el 1 de agosto de 1982. Los toros fueron de José Escobar. El padrino fue José Fuentes y de testigo Luis Reina. Gran torero al que no se le ha prestado la ayuda necesaria por parte de las empresas. Una de las injusticias de la fiesta.

ESPLÁ MATEO, LUIS FRANCISCO. Nació en Alicante el 19 de junio de 1958. Tomó la alternativa en Zaragoza el 23 de mayo de 1976, al cederle Paco Camino la muerte del toro «Desorejado», negro, número 8, con 570 kilos de la ganadería de Manuel Benítez Pérez, «El Cordobés». De testigo actuó Pedro Gutiérrez Moya, «Niño de la Capea». Confirma esta alternativa el 19 de mayo, Feria de San Isidro de 1978, de manos de Curro Romero y de testigo Paco Alcalde. Los toros fueron de Martín Berrocal.

Excelente torero con la muleta, variadísimo con el capote, es un gran rehiletero.

«El Viti».

«El Cordobés».

Juan Antonio Ruiz Román «Espartaco».

F

«FINITO DE CÓRDOBA»; SERRANO PINEDA, JUAN. Nació en Córdoba el 6 de octubre de 1971. Tomó la alternativa en Córdoba el 23 de mayo de 1991. Paco Ojeda le cedió la lidia y muerte del toro «Infundioso» de Torrestrella. El testigo fue Fernando Cepeda. José Ortega Cano se la confirma en Madrid el jueves 13 de mayo, Feria de San Isidro, de 1993 con toros de Torrestrella. El testigo fue Manuel Caballero.

Tuvo una gran feria y es un torero de cabeza fría y anda, en general, bastante centrado. Tiene un brillante porvenir por delante.

«FRASCUELO»; SÁNCHEZ POVEDANO, SALVADOR. Nació en Churriana (Granada) el 23 de septiembre de 1842. Contando solamente once años murió su padre y su familia emigró a Madrid, por lo que se le consideró siempre madrileño. Sus primeros oficios fueron los de peón de obras del ferrocarril de Torrejón de Ardoz a San Fernando de Henares. Empieza a torear en Madrid en funciones de mojigangas y novilladas como banderillero, y viste su primer traje de luces en Robledo de Chavela (Madrid), actuando de banderillero en la cuadrilla de Manuel Cano y en 1863 sufre su primera cogida grave, en Chinchón, actuando en una mojiganga. El 26 de febrero de 1865, aparece en un cartel en la plaza de Madrid, donde se dice que ejecutará la suerte de banderillas al quiebro sentado en una silla. Al año siguiente figura en la cuadrilla de Cayetano Sanz. El 31 de octubre actúa como sobresaliente en Madrid, matando un toro. La alternativa le llega el 27 de octubre de 1867 en Madrid de manos de «Cúchares», que le cedió la muerte del toro «Señorito», retinto, de don Manuel Bañueles. El testigo fue «Currito». A partir de aquí obtiene grandes éxitos y también muchas cogidas. El 19 de julio de 1874 tiene el honor de matar el último toro lidiado en la plaza de la Puerta de Alcalá. Respondió al nombre de «Descolorido» y era de Aleas. Se retiró de los ruedos el 12 de mayo de 1890 en Madrid, doctorando a «Lagartijillo» y teniendo, en su honor, como banderillero, nada menos que a Rafael Guerra, «Guerrita». Fijó su residencia en Torrelodones (Madrid) y falleció en la capital el 9 de marzo de 1898 a consecuencia de una pulmonía adquirida en la finca de don Antonio Hernández, más tarde Hernández Plá, en Ciempozuelos (Madrid). Fue un torero de los más grandes de la historia.

FUENTES BEJARANO, LUIS. Digamos antes que nada que su verdadero nombre, aunque nadie le conoce como tal, es Luis Moragas y Fuertes. También, aunque se le considera sevillano, nació en Madrid el 19 de agosto de 1902. Se presentó como novillero en Madrid el 20 de agosto de 1922, alternando con Antonio Sánchez y José Carralafuente en la lidia de novillos de Matías Sánchez, pero cuando triunfa rotundamente en la capital es el día 2 de mayo de 1923, también como novillero. Toma la alternativa el 5 de agosto de 1923 en Vitoria. Su padrino fue «Valencia II» y de testigo «Algabeño (hijo)» y los toros pertenecieron a don Antonio Pérez de San Fernando. Confirma este doctorado el 8 de junio de 1924 con «Valencia II» como padrino y Pablo Lalanda de testigo. Los toros pertenecieron a la ganadería de Sotomayor. Su mejor temporada fue la de 1929 y su retirada, un poco forzada por el público, tiene lugar el 12 de octubre de 1940, pues se metieron con él en demasía. Esa tarde actuaron con él Joaquín Rodríguez, «Cagancho», Rafael Vega de los Reyes, «Gitanillo de Triana» y Mariano García. Y los toros lidiados, ocho, fueron de don Luis Bernaldo de Quirós.

Vive en la actualidad y es el decano de todos los matadores de toros.

FUENTES SÁNCHEZ, JOSÉ. Nació en Linares (Jaén) el 4 de febrero de 1945. Toma la alternativa en Málaga el 18 de abril de 1965 con toros de Carlos Núñez. Antonio Ordóñez, su padrino, le cede el toro «Buenas tardes». El testigo fue Carlos Corbacho. La confirmó en Madrid el 30 de mayo de 1965. Su padrino fue Antonio Ordóñez, que le cedió el toro «Luminoso» con Carlos Corbacho de testigo. El toro de la ceremonia fue de los Hijos de Felipe de Pablo Romero. Su mejor faena la llevó a cabo el 5 de agosto de 1965 a un toro de Garcigrande llamado «Comensal».

FUENTES ZURITA, ANTONIO. Nació en Sevilla el 15 de marzo de 1869. Tras un aprendizaje bastante intenso como novillero, toma la alternativa en Madrid el 17 de septiembre de 1893 de manos de Fernando Gómez, «El Gallo», que le cedió el toro de Clemente Tassara llamado «Corredor».

Fue uno de los matadores más elegantes de su época y dio auténtica categoría a la suerte de banderillas. Murió en Sevilla, arruinado, el 9 de mayo de 1938. Algunos de sus biógrafos dicen que murió en Madrid.

Su última corrida la toreó el 31 de mayo de 1914 en la plaza de las Arenas de Barcelona, alternando con Rafael «El Gallo» y Luis Freg, con toros de Concha y Sierra.

Salvador Sánchez Povedano «Frascuelo».

Antonio Fuentes Zurita.

Finito de Córdoba.

G

GALÁN CASERO, ANTONIO JOSÉ. Nació en Bujalance (Córdoba) el 19 de noviembre de 1948. Vistió el primer traje de luces en Mijas (Málaga) el 9 de julio de 1968. Se presentó en Las Ventas el 28 de marzo de 1971. Tomó la alternativa, en Málaga, el 9 de mayo de 1971 con toros de Manuel Álvarez. Su padrino fue Miguel Márquez y como testigo Jaime González, «El Puno». Confirma la alternativa en Madrid el 16 de mayo de 1972, siendo su padrino Miguel Mateo «Miguelín» y como testigo Curro Romero. El toro, de Samuel Flores, respondió al nombre de «Tejero».

GAONA JIMÉNEZ, RODOLFO. Nació en León de los Aldamas (México) el 22 de enero de 1888. Su primer traje de luces lo viste el 1 de octubre de 1905 en su pueblo natal. Tres años más tarde llega a España de manos del banderillero español, su descubridor, Saturnino Frutos, «Ojitos», con el fin de darle la alternativa en Madrid, pero no le fue nada fácil y tuvo que organizar él una corrida en Tetuán de las Victorias el 31 de mayo de 1908. Se la concedió Manuel Lara, «Jerezano» en corrida mano a mano y cediéndole el toro «Rabanero», de Basilio Peñalver. El 5 de julio de ese mismo año confirma ese doctorado en Madrid en el cual Juan Sal, «Saleri», le cede el toro «Gordito» del hierro de Juan González Nandín. El testigo de la ceremonia fue Tomás Alarcón, «Mazzantinito». Se despidió de los toros el 12 de abril de 1925 en la plaza de la capital mexicana, actuando con él Rafael Rubio, «Rodalito» y matando el último toro que respondió al nombre de «Azucarero» de San Diego de los Padres. Falleció en México el 20 de mayo de 1975.

Fue uno de los toreros más grandes que ha dado México y en España compitió y a veces ganó, con los mejores, incluidos «Joselito» y Juan Belmonte. Fue el inventor de «La Gaonera» o por lo menos la mejoró. Un auténtico coloso del toreo, sobre todo con las banderillas.

GIRÓN DÍAZ, CÉSAR. Nace en Caracas (Venezuela) el 13 de junio de 1933. Tras diversos éxitos como novillero en Venezuela llega a España y se presenta en Madrid el 16 de julio de 1952 y, tras sucesivos triunfos como novillero aquí, toma la alternativa en Barcelona el 28 de septiembre de ese mismo año, de manos de Carlos Arruza y teniendo como testigo a Agustín Parra, «Parrita». La confirma en Madrid el 14 de mayo de 1955 de manos de «Antonio Bienvenida» y de testigo Pedro Martínez, «Pedrés». Se retiró del toreo en 1970 y falleció, en accidente de coche, el 19 de octubre de 1971. Además de su inmensa facilidad para poner las banderillas, fue un gran muletero y, sin duda, el mejor de cuantos ha tenido, hasta el momento, Venezuela.

«GITANILLO DE TRIANA»; VEGA DE LOS REYES, FRANCISCO. Nació en Sevilla, en el mismo barrio de Triana, el 23 de diciembre de 1904. Se doctora en tauromaquia en el Puerto de Santa María (Cádiz) el 28 de agosto de 1927 siendo su padrino, Rafael Gómez, «El Gallo» dando muerte al toro «Alegre» de Julián Fernández. A esta corrida se unió el rejoneador portugués Simao da Veiga. Toreando en Madrid la tarde del 31 de mayo de 1931, el toro «Fandanguero», de Graciliano Pérez-Tabernero, le infirió una gravísima cornada a consecuencia de la cual y sin que se pudiese hacer nada por salvarle, por más que se intentó, entregó su alma a Dios en el sanatorio del doctor Crespo en Madrid.

Fue uno de los toreros que mejor interpretaron la verónica de todos los tiempos.

GONZÁLEZ CARRASCO, DÁMASO. Llegó al mundo en Albacete el 11 de septiembre de 1948. Tras duros caminos como becerrista y novillero, donde no faltaron las cornadas y los sinsabores, tomó la alternativa en Alicante el 24 de junio de 1969, siendo su padrino Miguel Mateo, «Miguelín» quien le cedió el toro de Flores Cubero «Gañafate», número 27, con 465 kilos de peso. El testigo fue Francisco Rivera «Paquirri». La confirma en Madrid el 14 de mayo de 1970, feria de San Isidro, de manos de Santiago Martín, «El Viti», que le cede el toro de Francisco Galache «Barranquillo», actuando de testigo Miguel Márquez. Se retiró de los toros en 1987 para volver en 1991 con mucha más fuerza y con un temple en su muleta y un poderío que muy pocos tienen de todos los del escalafón. Un auténtico maestro.

GRANERO VALLS, MANUEL. Nació en Valencia el 4 de abril de 1902 en la casa número 1 de la calle de San Antonio. Bien pronto se convirtió en un prodigioso violinista precoz que entusiasmaba al público que lo escuchaba. En su niñez nada hacía presagiar que su vocación derivaría en torero. El estudio de bachillerato lo compaginó con la música.

Como torero empezó actuando en festivales y más tarde, entre 1918-1919, como becerrista. En 1920 sale ya a los ruedos como becerrista. Su presentación en Madrid la lleva a cabo el 29 de junio de 1920 con novillos de Esteban Hernández, alternando con «Valencia II» y «Carralafuente». A partir de este momento empieza a levantar la pasión entre los aficionados, que empezaron a ver en él al sucesor de «Joselito», muerto tan sólo 43 días antes en Talavera de la Reina. La alternativa la recibe en Sevilla el 28 de septiembre de ese mismo año, siendo padrino Rafael Gómez, «El Gallo», que le cede el toro «Doradito», de Concha y Sierra, actuando como testigo Manuel Jiménez Moreno, «Chicuelo». Confirma esta alternativa en Madrid el 22 de abril de 1921, siendo su padrino Manuel

Jiménez, «Chicuelo», ofreciéndole el toro «Pastoro» de Ramón y Cristóbal Gallardo, completando el cartel Bernardo Muñoz, «Carnicerito». Esa temporada la cerró con 94 corridas cargadas de éxito. El 7 de mayo de 1922 era un día de inmensa espectación en Madrid. Se llenó la plaza. En los corrales tres toros de Albaserrada y tres del duque de Veragua. De este ganadero era el quinto, de nombre «Pocapena». Éste, al iniciar la faena de muleta, prendió al bravo torero valenciano y allí, una vez derribado, la destrozó el ojo y el cráneo, segando para siempre la joven vida de un inmenso torero.

«GUERRITA»; GUERRA BEJARANO, RAFAEL. Llegó al mundo en Córdoba el 6 de marzo de 1862. Empezó en la profesión con el apodo de «Llaverito». Perteneció a la cuadrilla de toreros cordobeses y estuvo en las de «Bocanegra», «El Gallo» y «Lagartijo». Una hermana de su madre estaba casada con José Rodríguez, «Pepete». Se presentó en Sevilla el 15 de julio de 1877 con novillos del marqués de Villa Velviestre Yusta y repite el 5 de agosto. El 5 de marzo de 1878 torea en la inauguración de la plaza de Loja (Granada), enfrentándose a cuatro novillos de Gregorio García. El apodo de «Guerrita» lo adopta en 1882, y la alternativa la toma en Madrid el 29 de septiembre de 1887 de manos de Rafael Molina, «Lagartijo», quien le cede el toro «Arrecío», de don Francisco Gallardo. Se retira en 1899 habiendo matado 892 corridas y estoqueado 2.339 toros. Llegó a torear tres corridas en un mismo día. Concretamente el 19 de mayo de 1895. Fue considerado el torero más grande de su época. Murió en Córdoba el 21 de febrero de 1941.

César Girón.

Dámaso González Carrasco.

J

«JESULÍN DE UBRIQUE»; JANEIRO BAZÁN, JESÚS. Nació en Ubrique (Cádiz) el 9 de enero de 1974. Debutó con picadores en Ronda el 30 de abril de 1989. Alternó con Julio Aparicio y Finito de Córdoba. Tomó la alternativa en Nimes (Francia) el 21 de septiembre de 1990 con toros de Manolo González. Su padrino fue José María Manzanares y testigo Emilio Muñoz.

Torero de enormes contrastes, muy sincero, que le va la polémica y no le importa colgarse de los pitones de las reses si ello conlleva el triunfo. Es uno de los puntales de la torería actual.

JIMÉNEZ ALCÁZAR, JOSÉ. Nació en Lorca (Murcia) el 13 de septiembre de 1961. Tomó la alternativa en Murcia el 5 de septiembre de 1981. Toros de Juan Pedro Domecq. Padrino Paco Camino y de testigo Dámaso González. La confirmó en Madrid el 21 de mayo de 1982. Toros del Marqués de Domecq. Su padrino fue Rafael de Paula y de testigo actuó Vicente Ruiz, «El Soro». Pepín Jiménez, como se le llama cariñosamente, es un gran torero y en los últimos años no ha recibido el respaldo que se merece.

JIMÉNEZ MINGO, RAFAEL. Nació en Albacete el 9 de julio de 1968. Tomó la alternativa en Albacete el 10 de septiembre de 1987. Toros de Carlos Núñez. Su padrino fue Pedro Gutiérrez Moya, «Niño de la Capea» y de testigo actuó José Ortega Cano. La confirmó en Madrid el 24 de abril de 1988 con toros de Paloma Eulate. Lo apadrinó Francisco Ruiz Miguel y de testigo le acompañó Tomás Campuzano.

Es un excelente torero y cada día va a más. Se dio a conocer con el apodo de «Rafael de la Viña».

«JOSÉ ANTONIO CAMPUZANO»; RODRÍGUEZ PÉREZ, JOSÉ ANTONIO. Nació en Écija (Sevilla) el 30 de enero de 1954. Tomó la alternativa en Sevilla el 29 de abril de 1973, con toros de Núñez Hermanos. Luis Miguel Dominguín le cedió el toro «Simpatía» y teniendo como testigo a «Paquirri». La confirmó en Madrid el 7 de junio de 1973 con toros de Manuel Arranz. Se la confirmó el mismo padrino de alternativa que le cedió el toro «Rabanero», siendo testigo Santiago Martín, «El Viti».

Es un excelente torero y ha cuajado cada año en mejor lidiador.

«JOSELITO»; ARROYO DELGADO, JOSÉ MIGUEL. Nació en Madrid el 1 de mayo de 1967. Desde que empieza a andar ingresa en la Escuela de Tauromaquia de Madrid, donde se fue formando como hombre y como torero. Allí conoció a su actual apoderado, y casi padre porque con él se crió, Enrique Martín Arranz. Muy pronto destacó como becerrista el joven José y su aparición con picadores por primera vez tiene lugar el 12 de octubre de 1983 en Valencia, donde demostró que dentro de su traje de luces, existía un inmenso torero. La alternativa le llega el 20 de abril de 1986 en la plaza de toros de Málaga. Dámaso González le cedió el toro «Correvías» de Herederos de Carlos Núñez. El testigo de la ceremonia fue el extremeño Juan Mora. Apenas un mes después, confirma la alternativa en Madrid. Es exactamente el 26 de mayo con toros de Murteira Grave. Curro Romero le cede «Cotidiano», número 23, negro zaino. El brindis de ese toro, el primero en la plaza de Madrid, fue para el rey Juan Carlos I al que dijo: *Majestad, tengo el placer de brindarle la muerte de este toro esperando que yo, algún día, pueda lograr en el toreo lo que usted ha conseguido* *para España: la libertad y el bienestar de todos quienes nos sentimos orgullosos de haber nacido españoles.*

El testigo de la confirmación fue Paco Ojeda y desde luego «Joselito», desde aquel brindis ha ido escalando peldaños hasta el extremo de que en 1993, cuando cerramos este libro, se ha convertido en un gran maestro y se encuentra entre las primeras figuras del momento, viéndosele además, que cada día va a más.

«JOSELITO»; GÓMEZ ORTEGA, JOSÉ. Nació en Gelves (Sevilla) el 8 de mayo de 1895. Hijo menor del matador Fernando Gómez, «El Gallo». Sin haber cumplido aún los trece años, el 19 de abril de 1908, vistió por primera vez el traje de luces, siendo éste verde y negro, que alquiló. El 24 de octubre de 1911 mató un toro de cuatro años en la Maestranza. Aquello fue su revelación total. Se presentó en Madrid el 13 de junio de 1912, de novillero para matar novillos, que fueron auténticos toros de Olea, actuando con él, José Gárate, «Limeño». La alternativa se la da su hermano Rafael, 28 de septiembre de este año en Sevilla, cediéndole la muerte del toro «Caballero» de Moreno Santamaría. Completó el cartel Antonio Pazos. Unos días más tarde, el 1 de octubre, de nuevo su hermano Rafael le confirma el doctorado en Madrid con el toro «Ciervo», del duque de Veragua, en corrida de ocho toros en la que también tomó la alternativa Manuel Martín Goméz, «Vázquez II» de manos de Vicente Pastor, que era el primer espada. Murió el 16 de mayo de 1920 en Talavera de la Reina, en las astas del toro «Bailaor» de la viuda de Venancio Ortega.

Fue uno de los toreros más grandiosos de todos los tiempos y solamente Juan Belmonte pudo competir con él. Toreó 21 corridas como único matador y más de 800 en total, matando 1.700 toros.

«JOSÉ LUIS GALLOSO»; FERIA FERNÁNDEZ, JOSÉ LUIS. Nació en Puerto de Santa María (Cádiz) el 21 de febrero de 1953. Tomó la alternativa en el Puerto de Santa María (Cádiz) el 18 de julio de 1971. Toros de Carlos Núñez. El toro del doctorado, con el hierro de Núñez Hermanos, respondía al nombre de «Inclusero». Su padrino fue Antonio «Bienvenida» y de testigo Palomo Linares. La confirmó en Madrid el 17 de mayo de 1972, y Paco Camino le cede el toro «Colino», de José Luis Osborne, y de testigo Curro Rivera.

«JUAN MORA»; GUTIÉRREZ MORA, JUAN. Nació en Plasencia (Cáceres) el 3 de abril de 1963. Tomó la alternativa en Sevilla el 3 de abril de 1983. Es decir, el mismo día en que cumplía los veinte años. Toros de Núñez Moreno de Guerra. Su padrino fue Manolo Vázquez y el testigo Curro Romero. La confirmó en Madrid el 24 de junio de 1984. Toros de Jiménez Pasquau. El padrino fue «Manili» y el testigo Pepín Jiménez.

Es un gran torero y quizá el mejor salido hasta el momento de Extremadura. Torea profundamente con la muleta y dentro de un estilo muy clásico, si bien en los últimos dos años y más en 1993, está demostrado, además, que gozaba de inmenso valor. Extremadura puede presumir de muchas cosas, pero también de tener una figura del toreo.

«JULIO ROBLES»; ROBLES HERNÁNDEZ, AVELINO JULIO. Nació en Fontiveros (Ávila) el 4 de diciembre de 1951. Tomó la alternativa en Barcelona el 8 de julio de 1972. Su padrino fue Diego Puerta y como testigo actuó Paco Camino. El toro de la ganadería de Juan Mari Pérez-Tabernero respondía al nombre de «Clarinero». La confirmó en Madrid el 22 de mayo de 1973 con Antonio «Bienvenida» de padrino que le cedió el toro de Eusebia Galache, «Pernote», y de testigo Sebastián Palomo Linares. Excepcional torero, principalmente con el capote, quedó inútil para su profesión al ser cogido por el toro «Timador» de C. Muñoz el 13 de agosto de 1990 en la plaza francesa de Bèziers. Aquella infausta tarde para él y para el toreo, tuvo por compañeros a «Joselito» y Fernando Lozano. El diestro, considerado salmantino por haberse criado en Salamanca, sufrió fracturas de la quinta y sexta vértebras cervicales.

Jesulín de Ubrique.

Julio Robles.

L

«LAGARTIJO»; MOLINA SÁNCHEZ, RAFAEL. Llegó al mundo en Córdoba el 27 de noviembre de 1841. Era hijo del modesto banderillero Manuel Molina, «Niño de Dios». Se crió en el barrio de La Merced. Su afición taurina se despertó en la misma cuna. Formó parte de la cuadrilla juvenil, becerristas, formada por «Cámara», más tarde de la del infortunado «Pepete» y, después, de la de «El Gordito». Se enfrentó por primera vez a un becerro, en corrida mixta, el 8 de septiembre de 1858. Tomó la alternativa en Úbeda (Jaén) el 29 de septiembre de 1865 de manos de Antonio Carmona, «El Gordito», quien le cedió la muerte del toro «Carabuja» del hierro de la marquesa de Ontiveros. La confirmó en Madrid el 15 de octubre de 1865, de manos de Cayetano Sanz, quien le cedió el toro «Barrigón» de doña Gala Ortiz. De testigo actuó «El Gordito». Dijo adiós a los toros en 1893, lidiando cinco corridas como único espada en distintas capitales, siendo la última en Madrid el 1 de junio. Mantuvo una gran rivalidad, y al mismo tiempo amistad, con «Frascuelo». Murió en Córdoba el 1 de agosto de 1990. Fue uno de los grandes monstruos del toreo de su época y como persona dejó profunda huella.

LALANDA DEL PINO, MARCIAL. Nació en Vaciamadrid (Madrid) el 20 de septiembre de 1903. Toma la alternativa en la Real Maestranza de Sevilla el 28 de septiembre de 1921. Juan Belmonte, su padrino, le cede el toro «Pichuchi» del hierro de Rafael Surga. El testigo de la ceremonia fue Manuel Jiménez, «Chicuelo». Al año siguiente, o sea, en 1922, el 7 de mayo, Juan Luis de la Rosa le cedió la muerte del toro «Misionero» del duque de Veragua. El testigo, Manuel Granero Valls, perdía la vida aquella misma tarde en las astas del toro «Pocapena», también de Veragua, algo que jamás pudo olvidar Marcial. El 18 de octubre de 1942 se despide de los ruedos en Madrid, confirmando la alternativa a Juan Mari Pérez Tabernero, quien fallecía en este caluroso verano de 1993 en Salamanca. De testigo de la confirmación actuó Pepe Luis Vázquez Garcés. Los toros fueron de don Antonio Pérez de San Fernando. Marcial, el más grande, como dijera su pasodoble torero, murió en Madrid la noche del 24 de octubre de 1990. Fue el creador de «La Mariposa».

«LITRI»; BÁEZ ESPUNY, MIGUEL. Nació en Gandía (Valencia) el 5 de octubre de 1930, pero se crió en Huelva, de donde era su padre, Miguel Báez Quintero, por lo que se cree que es de este último lugar. Su padre fue el primero que usó el apodo de «Litri» que él heredó. Vistió por primera vez de luces el 17 de agosto de 1947 en la plaza de Valverde del Camino en Huelva. Como novillero se presentó en Madrid el 18 de mayo de 1950 para lidiar novillos de Manuel González, teniendo por compañeros a Pablo Lalanda y Antonio Galisteo. El 12 de octubre de ese mismo año, en la plaza de Valencia, Joaquín Rodríguez, «Cagancho», le da la alternativa cediéndole el toro «Pendolito» de Antonio Urquijo. El testigo de la ceremonia sería Julio Aparicio. La confirma en Madrid el 17 de mayo de 1951, siendo su padrino Pepe Luis Vázquez, quien le cede el toro «Desagradecido» de Fermín Bohórquez, actuando como testigo Antonio Bienvenida. Se retira de los toros en Huelva el 2 de agosto de 1968 si bien torea por una sola tarde, el 26 de septiembre de 1987 en la plaza de Nimes para otorgar la alternativa a su hijo Miguel y ser testigo también de la de Rafael Camino, para la que también reapareció, Paco Camino.

Fue el inventor de «El Litrazo».

«LITRI» (HIJO); BÁEZ SPÍNOLA, MIGUEL. Nació en Madrid el 8 de septiembre de 1968. Tras un aprendizaje bastante rápido como becerrista, debutó con picadores en Gandía (Valencia) el 21 de marzo de 1986. Novillos de Jandilla y sus compañeros fueron Juan Carlos Vera y Rafel Camino. Tomó la alternativa en Nimes (Francia) el 26 de septiembre de 1987 de manos de su padre Miguel Báez Espuny, «Litri», siendo testigo Paco Camino. Ambos reaparecieron esa única tarde para doctorar a sus respectivos hijos, nuestro biografiado y Rafael Camino. Los toros, como en su debú con picadores, fueron de Jandilla. La confirmación de la alternativa en Madrid tiene lugar el 14 de mayo, feria de San Isidro, de 1991. Toros de Juan Andrés Garzón. José María Manzanares actuó de padrino y José Ortega Cano de testigo. El toro de la alternativa respondía al nombre de «Albanza» y el de la confirmación al de «Bauticito».

Ha sido un torero que en un principio fue un poco lento en su carrera pero se fue afianzando y ha llegado a cuajar en un excelente torero que cada día apasiona más a las masas.

LÓPEZ ORTEGA, DOMINGO. Nació en Borox (Toledo) el 25 de febrero de 1906. Sus padres, Juan López y Pía Ortega, eran modestos labradores. Domingo fue bautizado el 4 de marzo de ese año por el cura párroco don Juan Hernández e inscrito en el Libro del Bautismo número 19, folio 16.

No había terminado de cursar las primeras letras, con tan sólo doce años, se vio obligado a trabajar en el campo de sol a sol. Hasta los veinte no se le vieron intenciones —él nos confesó: «sentí el toreo desde niño»— de querer ser torero. Se ha escrito con insistencia que su tardía afición a ser torero se debió al ver con frecuencia festejos menores por los pueblos de los alrededores, o acaso surgiera por la presencia de los toros del duque de Veragua, que pastaban muy cerca del pueblecito de Borox, finca que más tarde, ya famoso, compraría Domingo.

Cualquiera que fuese el motivo, lo cierto es que tras varias gestiones, logra matar como aficionado, un novillo procedente de Buenabarba en la plaza de Carabanchel el 14 de julio de 1928. Al poco tiempo acude a Almorox (Toledo) a presenciar dos novilladas que se celebraron los días 16 y 17 de agosto. Se tenían que matar dos novillos cada tarde, pero el primero que salió cogió al novillero contratado hiriéndole de muerte. Domingo Ortega saltó al ruedo y pidió al presidente que le permitiera matar el novillo. Éste aceptó y Domingo muleteó y estoqueó al novillo con verdadero acierto. Entonces fue contratado para la siguiente novillada por lo que se le abonaron 100 pesetas. Esa misma temporada toreó dos novilladas más, anunciándose en los carteles con el apodo de «Orteguita».

Sus actuaciones por los pueblos no habían sobresalido demasiado. Sin embargo, un ex novillero, Salvador García, cree firmemente en las cualidades del de Borox y se lo recomienda a Domingo Dominguín, empresario de la plaza de toros de Tetuán de las Victorias. Gracias a esta gestión, Domingo Ortega toreó su primera novillada con picadores el 7 de abril de 1929. Repite en la misma plaza el día 13, pero su actuación no entusiasmó a nadie y sus posibilidades no eran creíbles.

Regresa de nuevo a los pueblos y actúa en ellos sin lograr sobresalir. Pocos, sólo él y Salvador García, están convencidos de que en el rústico y tosco cuerpo del muchacho llegado del campo, existía un torero fuera de serie. Por fin, el 6 de septiembre de 1930 Domingo Dominguín le anunció en el coso de Aranjuez como sobresaliente en un mano a mano que celebraban Marcial Lalanda y Manolo Bienvenida. Los toros procedían de Díaz Alonso. Domingo Ortega sólo tuvo la oportunidad de hacer un quite en el último toro de la tarde, pero fue suficiente porque la serie de verónicas ejecutadas por el de Borox hicieron que la plaza enmudeciera en principio y luego reaccionara con una impresionante y emotiva ovación. Las llevó a cabo con tanto temple, valor y arte, que se convirtió en el héroe de la jornada y él público salió preguntando cómo se llamaba aquel muchacho porque ni siquiera figuraba su nombre en los carteles.

Con motivo de este éxito, Domingo vuelve a actuar en la plaza de Tetuán de las Victorias para enfrentarse a novillos de Zaballos. En esta novillada abandona el apodo de «Orteguita» para convertirse en Domingo Ortega. Obtiene un gran éxito, cortando las dos orejas a sus dos novillos. Esa misma noche se apalabra el contrato con Domingo Dominguín con una duración de cinco años en unas condiciones económicas que Ortega nunca soñó. Impuso el cobrar no menos de 5.000 pesetas por corrida más el 5% sobre ingresos en taquilla y el 10% cuando cobrara más de 10.000 pesetas. A renglón seguido le llegaron unas novilladas extraordinarias en Barcelona que supusieron para él un gran lanzamiento publicitario ya que salió a hombros en todas, logrando además críticas bastante favorables en su totalidad. Al final de 1930 había toreado 14 novilladas con gran éxito.

El 8 de marzo de 1931 toma la alternativa en Barcelona. «Gitanillo de Triana» le cede la muerte de «Valenciano», un toro cárdeno, ligeramente bizco del pitón izquierdo y marcado con el número 43. Domingo vestía un precioso terno blanco y oro con alamares.

Picaron el toro, «Marinero», reserva, y colocaron los banderillas con destreza y bien, «Alpargaterito» y Valencia. A este toro le cortó la oreja y las perdió en el sexto, que había brindado a la *vedette* Celia Gámez, por fallar con la espada. Como testigo actuó Vicente Barrera y los toros fueron de Juliana Calvo, antes Albaserrada.

El 8 de junio siguiente en Madrid confirma esa alternativa. Y se la confirma Nicanor Villalta, quien le cede el toro «Contador» de Julián Fernández. Su actuación no pasa de discreta y la afición de Madrid le esperaba las dos fechas siguientes, 23 y 28 del mes. Tampoco acaba de *romper.* Sin embargo, los detalles sueltos hacen que se esté pendiente de él en las más altas esferas taurinas. Al final de temporada queda el primero en el escalafón con noventa y tres corridas toreadas, sobresaliendo su presentación en Sevilla donde obtiene un grandioso triunfo.

La temporada de 1932 firma 116 corridas pero no pudo torear nada más que 91 por diferentes cogidas. El 18 de abril, con un bravo toro de Cobaleda, se consagra definitivamente en Madrid. El triunfo es clamoroso. El crítico «Relance» lo definió así: «No es bonito, ni alado, pero sí grande, fácil, sencillo, armonioso, macizo, recio, concienzudo, reposado, fuerte de inquietudes, de línea y de conjunto».

Mató su último toro en Zaragoza el 14 de octubre de 1954 alternando con Emilio Ortuño, «Jumillano» y Pedro Martínez, «Pedrés». La ganadería era de Deleitosa. A partir de ese momento, hasta 1958, toreó festivales, dando por terminada toda actividad el 25 de mayo en Badajoz en un festival benéfico de la lucha contra el cáncer. Los novillos fueron del Conde de la Corte y Conde de Burguillo, alternando con Brilha de Matos, «Pedrés», Alfonso Merino, Antonio Ángel Jiménez, «Chicuelo III» y Rafael Saco.

Fue un torero intelectual y dio brillantes conferencias tanto en España como en el extranjero.

Resumen de su vida torera

Corridas toreadas	874
Toros estoqueados	1.909
Novillos toros	79
Erales-utreros	113

Falleció en Madrid el 8 de mayo de 1988 y se le enterró en su pueblo de Borox.

Estaba en posesión de la Cruz de Beneficiencia, Medalla de la Cruz Roja, Cruz con Mérito Militar con Distintivo Blanco y Medalla de Oro de la Provincia.

Las alternativas concedidas por el maestro

El maestro *Domingo Ortega* concedió trece alternativas (*mal número,* nos dijo él) durante su carrera profesional. A continuación las relacionamos para conocimiento del lector, así como las tres confirmaciones que concedió.

José González (Carnicerito de México), en *Murcia,* el 13 de septiembre de 1931.

Rafael Vega de los Reyes (Gitanillo de Triana), en *Málaga,* el 19 de agosto de 1933.

Francisco Martín Caro (Curro Caro), en Salamanca, el 27 de mayo de 1934.

Jaime Pericás, en *Valencia,* el 17 de marzo de 1936.

Ventura Núñez (Venturita), en *Valencia,* el 18 de marzo de 1936.

Luis Díaz (Madrileñito), en *Burgos,* el 17 de julio de 1938 (segunda alternativa).

Luis López Ortega (su hermano), en *Quintanar de la Orden,* el 26 de septiembre de 1942.

Mario Cabré, en *Sevilla,* el 1 de octubre de 1943.

Luis Miguel Dominguín, en *La Coruña,* el 2 de agosto de 1944.

Pepín Martín Vázquez, en *Barcelona,* el 3 de septiembre de 1944.

Antonio Toscano, en *Barcelona,* el 7 de abril de 1946.

Miguel Ortas, en *Linares,* el 28 de agosto de 1953.

Manuel Jiménez (Chicuelo II), en *Valencia,* el 24 de octubre de 1953.

Confirmaciones

Mariano García, el 13 de junio de 1940.

Mario Cabré, el 8 de octubre de 1943.

Manuel Navarro, el 4 de octubre de 1947.

«LORENZO M. VILLALTA»; DÍAZ VILLALTA, LORENZO. Nació el 17 de agosto de 1949. Tiene un aprendizaje duro pero cargado de éxitos como becerrista y novillero sin caballos, debuta con picadores el 24 de junio de 1975 en Villarta de San Juan (Ciudad Real). Los novillos fueron de Hermanos de la Cova, de Cádiz. Tuvo como compañero a Curro Luque. Hace su presentación en Madrid el 29 de agosto de 1976 con reses de García Romero Hermanos de Jerez de la Frontera (Cádiz), teniendo por compañeros a Pedro Giraldo y Antonio Poveda. Gustó mucho por su toreo clásico y con garra. Toma la alternativa el 10 de abril de 1977 en Alcázar de San Juan (Ciudad Real). Su padrino es Paco Camino quien le cede «Encantado» de José Luis y Pablo Martín Berrocal, de Huelva. El testigo fue Francisco Ruiz Miguel. Cortó dos orejas con muchas fuerzas. Confirma esta alternativa en la feria de San Isidro de 1977. Concretamente el 17 de mayo, teniendo como padrino a Antonio José Galán que le cedió la lidia y muerte del toro «Monterillo», de Antonio Méndez, y como testigo actuó José María Manzanares.

A partir de este momento, tiene unos años brillantes, de éxitos grandes, pero poco a poco, sin que se sepan los motivos, las empresas dejan de ponerlo en los carteles y en estos momentos prepara su reaparición con fuerza. Excelente torero, en plena recuperación, debe apoyársele.

Miguel Báez Espuny «Litri».

Domingo López Ortega.

M

«MACHAQUITO»; GONZÁLEZ MADRID, RAFAEL. Nace en Córdoba el 2 de enero de 1880. Se prepara en capeas y cercaos por los pueblos cordobeses, Badajoz, Cáceres y Ciudad Real, dando comienzo su vida profesional como modesto banderillero. En Madrid hace su presentación el 8 de septiembre de 1898 con Rafael Molina, «Lagartijo Chico». La alternativa la toma en Madrid el 16 de septiembre de 1900, al mismo tiempo que «Lagartijo Chico», en corrida de ocho toros del duque de Veragua. Emilio Torres, «Bombita», le cede el toro, segundo de la tarde, llamado «Costillares». Mazzantini se la dio a «Lagartijo Chico». Se retira de los toros en Madrid el 16 de octubre de 1913, alternando con Rafael «El Gallo» y Juan Belmonte, con toros de Bañuelos. Tuvo que matar el último toro de Juan Belmonte, por resultar éste herido, y se llamaba «Lunarejo». Fue uno de los grandes colosos del toreo. Murió en Córdoba el 1 de noviembre de 1955.

«MANOLETE»; RODRÍGUEZ SÁNCHEZ, MANUEL. Viene al mundo el 4 de julio de 1917. No se presenta en Madrid como novillero en la plaza de la Carretera de Aragón, pero lo hace en Tetuán de las Victorias, debutando con picadores el 1 de mayo de 1935, teniendo por compañeros a Liborio Ruiz, al mexicano Silverio Pérez y a «Varelito Chico». La alternativa la toma en Sevilla de manos de Manuel Jiménez Moreno, «Chicuelo», quien le cede la muerte de «Mirador», número 6, negro zaino, de don Clemente Tassara, y teniendo como testigo a Rafael Vega de los Reyes, «Gitanillo de Triana». Al toro se le cambió el nombre a última hora ya que en un principio su nombre verdadero con el que estaba registrado era el de «Comunista». Ese mismo año, el 12 de octubre, confirma la alternativa en Madrid de manos de Marcial Lalanda, quien le cedió el toro «Tejón», perteneció al hierro de Antonio Pérez de San Fernando. De testigo actuó Juan Belmonte Campoy, que también confirmó la suya. Su mejor faena la llevó a cabo el 6 de julio de 1944 en la plaza de Las Ventas de Madrid con el toro sobrero de Pinto Barreiro, llamado «Ratón», en la corrida de Asociación de la Prensa.

El 28 de agosto de 1947, en Linares (Jaén), al entrar a matar a su segundo toro, «Islero», de don Eduardo Miura Fernández, fue corneado brutalmente en el muslo derecho, falleciendo en el Hospital de Linares la madrugada del día siguiente. Hasta ese momento había matado 509 corridas de toros. Fue, sin ninguna duda, un inmenso torero que mandó en la fiesta de los toros y levantó las más fuertes y apasionadas polémicas, tanto dentro como fuera de los ruedos. Renovó la «Manoletina».

«MANZANARES»; DOLS ABELLÁN, JOSÉ MARÍA. Nació en Alicante el 14 de abril de 1953. Tomó la alternativa en Alicante el 24 de junio de 1971, con el toro «Rayito», de Atanasio Fernández, cedido por Luis Miguel «Dominguín» y de testigo Santiago Martín Sánchez, «El Viti». La confirmó en Madrid el 18 de mayo de 1972. Toros de Manuel Francisco Garzón y su padrino fue Sebastián Palomo Martínez, que le cedió el toro «Saperito». El testigo fue el mexicano Eloy Cavazos.

Excepcional torero tanto con la muleta como con el capote y estos últimos años con una capacidad de lidia verdaderamente digna de mención.

MÁRQUEZ SERRANO, ANTONIO. Vio la luz primera en Madrid el 23 de abril de 1899. Se presentó en el ruedo madrileño el 17 de octubre de 1920, como novillero, formando cartel con «Jumillano» (padre) y «Valencia II». Los novillos fueron de Matías Sánchez. No estuvo mucho de novillero, ya que el 24 de septiembre de 1921 tomaba la alternativa en Barcelona de manos del monstruo del toreo Juan Belmonte, quien le cedió el toro «Molinero» de Juan González Nandín. Con ellos actuaron también Ignacio Sánchez Mejías y Manuel Granero. Al año siguiente cumple el servicio militar y el 17 de mayo de 1923 confirma la alternativa en Madrid de manos de Manuel García, «Maera», que le cede la muerte del toro «Soguero» de Sánchez Rico. Es la corrida de la Beneficencia e intervienen con ellos, Marcial Lalanda y Nicanor Villalta. Se lidiaron cuatro toros de Sánchez Rico y cuatro de Villamarta. Aunque existen contradicciones, se afirma que vistió de luces por última vez el 12 de octubre de 1937 en Talavera de la Reina teniendo por compañeros a Victoriano de la Serna y Cayetano Palomino, que tomó la alternativa. Se lidiaron toros de José María Galache. Falleció en Madrid, rodeado por todos los suyos e infinidad de amigos, el 13 de noviembre de 1988. Estuvo casado con Concha Márquez Piquer.

«MARTÍ FLOREZ»; FERRANDO PENADES FLORES, ISIDORO MARTÍ. Llegó al mundo en Alfarrasí (Valencia) el 12 de mayo de 1884. Tomó la alternativa en Sevilla el 28 de septiembre de 1910, teniendo como padrino a Joaquín Navarro, «Quinita», que le cede el toro «Dormilón» de José Anastasio Martín. El testigo fue Rafael Gómez, «El Gallo».

La confirmación de la alternativa se lleva a cabo el 15 de septiembre de 1912 y se la ratifica Rafael Gómez, «El Gallo» con el toro «Obispero» de Pablo Benjumea.

Falleció en Caracas (Venezuela) el 4 de diciembre de 1921 debido a resentirse de las heridas que le produjo el toro «Aceituno», de Alipio Pérez-Tabernero, toreando en Béziers (Francia) el 26 de junio de ese mismo año y no haber sido curado convenientemente.

MARTÍN VÁZQUEZ, FRANCISCO. Nació en Alcalá de Guadaira (Sevilla) el 28 de marzo de 1882. Se doctoró en tauromaquia la tarde del 6 de octubre de 1907 en Barcelona, siendo su padrino Antonio Fuentes y el toro de la alternativa se llamba «Gaditano» de Juan González Nandín. La confirma en Madrid el 13 de octubre de 1907 con el toro «Cariblanco», de José y Fernando García Becerra. Su padrino fue Vicente Pastor y el testigo Tomás Alarcón, «Mazzantinito». Murió en Sevilla el 6 de noviembre de 1946.

MARTÍNEZ ENCIRA, MANUEL. Nació en Anahuac, Monterrey (México) el 10 de enero de 1946. Alternativa en Monterrey (México) el 7 de noviembre de 1965. Lo apadrinó Lorenzo Garza cediéndole el toro «Traficante» de Mimiahuapan. El testigo fue Humberto Moro. La confirma en México el 12 de febrero de 1967, con toros de Mimiahuapan, teniendo como padrino J. G. «Mondeño» y testigo Mauro Liceaga Toro «Cid». La confirmó en Madrid el 22 de mayo de 1970. Toros de Baltasar Ibán. Santiago Martín, el «Viti», le cedió el toro «Santanero». El testigo fue Palomo Linares. Fue un torero de gran brillantez en México y con triunfos muy meritorios en España, aunque no se le haya reconocido en todos los casos, sobre todo en la plaza de Madrid. Es una de las grandes figuras de México de los últimos años. Era conocido por el «mexicano de oro». A los 12 años era campeón charro. Su padre era ingeniero civil y un tío abuelo, don Venustiano Carranza, gobernante que prohibió la celebración de las corridas de toros en México desde 1914 hasta 1920, debido a lo cual no pudo verse a «Joselito El Gallo» en la plaza El Toreo.

MARTINS VIZEU, DIAMANTINO FRANCISCO. Nació en Lisboa (Portugal) el 21 de julio de 1925. Tomó la alternativa en Barcelona el 23 de marzo de 1947, cediéndole Rafael Vega de los Reyes, «Gitanillo de Triana», el toro «Comerciante», de Antonio Escudero Calvo, y le confirmó en Madrid el 15 de junio de ese mismo año, con Pepe «Bienvenida» como padrino, quien le cedió el toro «Catalonero», de Atanasio Fernández. Fue más conocido por «Diamantino Vizeu» y era espectacular y pinturero.

MAZZANTINI EGUÍA, LUIS. Nació el 10 de octubre de 1856 en Elgóibar (Guipúzcoa), y era hijo del italiano José Mazzantini y Vangucci. Tras un aprendizaje entre mojiganga y novillero, decide tomar la alternativa el 13 de abril de 1884 en Sevilla. Se la da Salvador Sánchez, «Frascuelo», quien le cede el toro «Costurero», negro zaino, de don José Antonio Adalid. Este doctorado lo confirma en Madrid el 29 de mayo de ese mismo año de mano de Rafael Molina, «Lagartijo», quien le cede el toro, del hierro de Murube, «Morito».

Fue un consumado matador, lo que le dio justa fama. Se retiró de la profesión en 1905, fue concejal monárquico de Madrid y diputado provincial, Gobernador Civil de Guadalajara y Ávila, y policía, hasta 1923 advenimiento del general Primo de Rivera al poder. Falleció en Madrid, de un ataque cardíaco, el 24 de abril de 1926. También hizo pinitos en el teatro.

MONTES VICO, ANTONIO. Llegó al mundo en Sevilla la mañana del 20 de diciembre de 1876 y mientras que él salía del vientre de su madre, sobre la ciudad sevillana caía una fina lluvia que hizo decir a su padre: «Éste será bien nacido porque ha llegado con lluvia, y eso da buena suerte».

Y no se equivocaba. Porque el trianero demostró que desde muy chiquito su destino estaba marcado y él sería torero. Cuantos asistieron a su presentación en la plaza madrileña el 13 de noviembre de 1898, matando como único espada cuatro novillos del duque de Veragua, reses de las que por aquellos días mandaba a los ruedos el famoso ganadero, se dieron cuenta de que allí había auténtica madera de torero, pero desconcertó con su forma de torear a la afición y a los revisteros. Él se salía de las reglas establecidas en aquellos momentos y practicó un toreo espectacular, de movimiento, distinto. Pero allí había un gran torero. Sin embargo, el triunfo no le fue fácil porque en España, ayer como hoy, cuando se sale alguien de la monotonía, rápidamente tratan de colgárselo. Y eso quisieron hacer con Antonio Montes Vico, pero nadie pudo. Tuvo que pasar mucho tiempo para que se reconociera bien entre el oro y la oralina, había una distancia bastante importante. Se dieron cuenta en 1906 en una actuación fuera de lo común que tuvo lugar en la plaza de Madrid el 17 de mayo, corrida organizada por la Asociación de la Prensa, en la que alternó, lidiando toros de Pablo Romero, con Antonio Fuentes, Ricardo Torres, «Bombita» y Rafael González, «Machaquito». Hasta ese momento le seguían discutiendo y negando su condición de auténtica figura del toreo.

La alternativa la tomó en su tierra natal el 2 de abril de 1899, siendo su padrino Antonio Fuentes y de testigo Emilio Torres, «Bombita». Los toros fueron de Carlos Otaolaurruchi. El toro del doctorado se llamaba «Borracho» y fue aceptable. Ese doctorado lo confirmó en Madrid el 11 de mayo de ese mismo año. Su padrino fue Antonio Moreno, «Lagartijillo», y completó la terna Emilio Torres, «Bombita», «Lagartijillo» le cedió el toro «Tesorero» del duque de Veragua.

Toreando en México sufrió una gravísima cogida el 13 de enero de 1907 por el toro «Matajaca», de la ganadería Tepeyahualco, alternando con Antonio Fuertes y Ricardo Torres, «Bombita». Falleció el día 17 y cuando sus restos eran trasladados a España, se quemó el barco y el cadáver, pudiéndose solamente recuperar sus cenizas, siendo llevadas a Sevilla.

Manuel Rodríguez Sánchez «Manolete».

José María Manzanares.

N

«NIÑO DE ARANJUEZ»; FERNÁNDEZ GÓMEZ, PEDRO. Nació en Aranjuez (Madrid) el 15 de febrero de 1954. Vistió el primer traje de luces el 29 de abril de 1973 en San Martín de la Vega, y se consagra como novillero sin caballos en 1974. El 9 de marzo de 1975 torea su primera novillada picada en Aranjuez, con novillos de Lucio Muriel, y sus compañeros son Ángel Majano, Palomo II y Juan de Dios Lozano. Su presentación en Las Ventas tiene lugar el 19 de junio de 1977 con novillos de Sotillo Gutiérrez, siendo sus compañeros Faustino Barragán y José Castilla. En la repetición, el domingo 26, lleva a cabo una excepcional faena con un novillo de Maribáñez. Toma la alternativa en Aranjuez el 4 de septiembre, con «El Viti» como padrino, que le cede el toro «Fusilero», de Baltasar Ibán, teniendo como testigo a Palomo Linares. La confirma en Madrid el 20 de mayo de 1978 con un toro de Antonio Pérez de San Fernando, teniendo como padrino a Gabriel de la Casa y de testigo a Roberto Domínguez. Se va de los ruedos, sin que nadie se lo explique dada su excelente calidad de torero, en 1987-88, y cada año se habla de una posible reaparición. Torero de clase y arte, aunque sin demasiada decisión.

«NIÑO DE LA CAPEA»; GUTIÉRREZ MOYA, PEDRO. Nació en Salamanca el 17 de septiembre de 1952. Se presentó, cuando sólo contaba ocho años, en la placita

La Capea, cerca de Salamanca y allí, por una comida, se enfrentó a unas becerras que le trajeron en jaque durante lo que duró su lidia, que a él le pareció eterna. El 26 de mayo de 1969 hace su presentación como becerrista en Salamanca. Estuvo muy bien y saltó a la famosa Oportunidad de Vista Alegre en Madrid, actuando con novilleros como «El Platanito», por entonces mucho más famoso que él. Aunque se les daba más importancia a otros, lo cierto es que salió siete veces a hombros. Así, pues, en 1969, anda a caballo entre Madrid y Salamanca. Su presentación con picadores la lleva a cabo el 17 de julio de 1970 en Salamanca con novillos de Higinio Luis Severino. Fueron auténticos «asesinos» pero Pedro demostró tener madera de maestro consumado. Al año siguiente, en 1971, es considerado el novillero más inteligente y el mejor del momento por sus grandiosos éxitos en Bilbao. Se presentó en Madrid, Las Ventas, con inmenso éxito. Fue el 11 de junio de 1972 con novillos de Juan Pedro Domecq, siendo sus compañeros «Angelete» y Julio Robles. Vuelve el 18 del mismo mes con novillos de Cunhal Patricio. A partir de aquí todas las plazas de España se le abren y comienzan los éxitos. Por fin, el 19 de julio de 1972, toma la alternativa con toros de Lisardo Sánchez. Paco Camino le cede la muerte del toro «Mireto». El testigo es Francisco Rivera, «Paquirri». El lugar, la plaza de Vista Alegre de Bilbao. Confirma la alternativa en la feria de San Isidro de 1974. Concretamente el día 21 con toros de Atanasio Fernández. La tarde es memorable. Padrino, «Paquirri», que le cede el toro «Girón»; el testigo es Palomo Linares. Se retira en Salamanca el 14 de septiembre de 1988, para retornar el 15 de abril de 1991 en Sevilla y continuar con sus conocimientos de lidiador y maestro de maestros de clarividencia taurina. Cuando cerramos estas páginas, el salmantino ha sumado ya más de 1.700 corridas y matado alrededor de 4.000 toros. En México es el ídolo del siglo, por encima de «Manolete», «El Cordobés» o Paco Camino. La mayoría de escritores y críticos le consideran el torero más inteligente del siglo XX.

O

ORDÓÑEZ ARAUJO, ANTONIO. Nace en Ronda (Málaga) en la finca «Recreo San Cayetano», propiedad de su padre, el 16 de febrero de 1932. Fue el tercer hijo del matrimonio formado por Cayetano Ordóñez, «Niño de la Palma» y Consuelo Araujo de los Reyes. Y éste, Antonio, fue sin ninguna duda, el más importante de los tres. Durante los años de la guerra la familia Ordóñez vivió en Ronda, Madrid, Valencia, Barcelona y Marsella. Unos años antes de finalizar la contienda los Ordóñez volvieron a España, entrando por San Sebastián, para recalar, al cabo, en Sevilla. Cinco años más tarde —1944—, mientras Cayetano Ordóñez embarca una novillada para su primogénito, el tercero de sus descendientes, Antonio, se enfrenta por primera vez en su vida a una becerra. El suceso tiene lugar en la ganadería de Pérez de la Concha.

Viste por primera vez el traje de luces el 29 de junio de 1948 en el pueblo coruñés de Haro. Cobró por esa actuación dos mil quinientas pesetas. Uno año justo más tarde, el mismo mes y día, Antonio hace el paseíllo en la plaza de La Malagueta (Málaga), plaza que luego pisaría setenta y nueve veces más y en la que llegaría a reinar como ídolo único. El 6 de octubre de 1949 se presenta en Madrid, con «Calerito» y Jerónimo Pimentel, para lidiar novillos de Manuel Arranz. El 12 de este mismo mes hace su presentación en Sevilla, lidiando novillos de Ramos

Paul, junto a «Rasquito» y Posada. En 1950 Antonio sufre en Barcelona la primera cornada grave de las veintidós que constituyen su «palmarés de sangre derramada» en los años de profesionalidad.

El 28 de junio de 1951 toma la alternativa en Las Ventas, en Madrid. Es en la Corrida del Montepío de la Policía. En el cartel Julio Aparicio, quien le cede el toro «Bravío» de la viuda de Galache, y Miguel Báez Espuny, «Litri», de testigo. El toro pesó 450 kilos, negro zaino y estaba marcado con el número 38. Al año siguiente viaja por primera vez a América para actuar en las ferias de Venezuela y Colombia.

El 9 de octubre de 1953, en la finca «Villa Paz» en la provincia de Cuenca propiedad del matador de toros Luis Miguel «Dominguín», Antonio contrae matrimonio con Carmen González Lucas, hermana de Luis Miguel. Sus padrinos, éste mismo y la madre de Antonio. El 2 de mayo de 1955 nace en Madrid el primer fruto del matrimonio, Carmen, a quien su padre llamará cariñosamente «Carmuca», que pasados los años casaría con Francisco Rivera, «Paquirri». El 29 de junio de 1956 nace en Madrid la segunda hija del matrimonio la cual es bautizada con el nombre de Belén. Este mismo año se consagra Antonio como auténtico líder del toreo, sobre todo cuando hace su presentación en la plaza de El Toreo, en México, en el mes de diciembre y realiza quizá la faena de su vida al toro «Cascabel» de la ganadería de San Mateo. La temporada de 1959 es la de la competencia con su cuñado Luis Miguel Dominguín. Luis Miguel resulta herido en Valencia y Bilbao. Ernest Hemingway, testigo de excepción de estos hechos, los describe luego en su novela «Verano Sangriento», de la que se han vendido millones de ejemplares. En 1962, en la feria de Otoño de Lima, finaliza el ciclo del coso de Acho, la serie de «El Señor de los Milagros». Compiten por él, Gregorio Sánchez, Curro Girón, Pepe Cáceres, «Limeño» y Andrés Vázquez. Naturalmente, Antonio gana el preciado galardón, «El Escapulario», y se hace cortar la coleta sobre el albero del coso limeño que se había llenado hasta la bandera.

Vuelve a los ruedos en 1965. En agosto de 1971, en la Semana Grande de San Sebastián, Antonio decide retirarse de los toros y el 7 de septiembre de 1972 anuncia la decisión de vestirse de luces como excepción en la corrida «Goyesca» de Ronda, de carácter benéfico, que torea esa tarde con Antonio «Bienvenida», obteniendo un éxito memorable. Pidió el sobrero de Núñez, como todos, y resultó algo increíble lo que realizó con él. Para los amigos de la estadística, digamos que fue premiado con ocho orejas, tres rabos y una pata, esta última no autorizada en el Reglamento Taurino. Como prólogo a esa corrida, le fue impuesta, por el subsecretario de Trabajo, Utrera Molina, la medalla de la Beneficiencia.

Su última actuación vestido de luces, en un regreso relámpago, tuvo lugar el 17 de agosto de 1981 en Ciudad Real, con los diestros José María Manzanares y Pedro Gutiérrez Moya, «Niño de la Capea». Se lidiaron tres toros de Carlos Núñez y tres del propio Antonio Ordóñez.

Sin ninguna duda puede figurar entre los mejores, sino el mejor, de los toreros de más arte de este siglo.

ORTEGA CANO, JOSÉ. Nació en Cartagena (Murcia), el 23 de diciembre de 1953. Debutó con picadores el 9 de septiembre de 1973 en la plaza de Vista Alegre, de Madrid, con novillos de Pío Tabernero de Vilvis, y ya entonces demostró sus posibilidades de llegar a figura del toreo. Un año después, el 12 de octubre de 1974, tomó la alternativa en Zaragoza de manos de José María Manzanares, que le cedió el toro «Pedillero», negro bragao, número 127 de la ganadería de Francisco Javier Osborne. El testigo fue Paco Bautista. La confirmó en Madrid el 14 de mayo de 1978 con toros de Sotillo Gutiérrez. Su padrino, Antonio Rojas, le cedió el toro «Reactor». El testigo fue Lorenzo Manuel Villalta, volviendo a demostrar su indudable clase de buen torero. Sin embargo, no le fue fácil escalar peldaños. Tras un bache, que todos los matadores tienen, José Ortega Cano se encontró que las empresas le empezaron a dar de lado y él, bajo de moral, estuvo a punto de dejar la profesión. Su madre tuvo la culpa de que siguiera adelante y, claro, acertó. A partir de 1986 los éxitos se suceden y éstos ya no le han abandonado. Hoy es una auténtica figura del torero. Del 1988, 89, 90, 91, 92, 93, su toreo, sobre todo de capote, es pura delicia. Una auténtica catarata de arte. Negarle esto sería no conocer el toreo.

OSTOS CARMONA, JAIME. Nació en Écija (Sevilla) el 8 de abril de 1933. Su debut con picadores tiene lugar en Osuna el 5 de abril de 1953, lidiando novillos de Arturo Pérez Fernández, teniendo como compañeros a Bartolomé Jiménez Torres y a Braulio Lausín. Se presenta en Las Ventas el 23 de mayo de 1955 con ganado del marqués de Villagodio y sus compañeros son Miguel Montenegro y Joaquín Bernadó. Se doctora en Zaragoza el 13 de octubre de 1956 con el toro «Hojalatero», de Antonio Urquijo. Su padrino fue Miguel Báez, «Litri» y como testigo tuvo a Antonio Ordóñez. El 17 de mayo de 1958 durante la feria de San Isidro, es confirmada la alternativa con el toro «Famosito», de Juan Cobaleda, y de manos de Antonio «Bienvenida». Recibió una cornada grave en el cuello que le pudo costar la vida. Jaime Ostos ha sido una de las figuras más admiradas por la afición por su enorme entrega profesional, y un auténtico matador de toros.

José Ortega Cano.

Antonio Ordóñez Araujo.

P

«PACO OJEDA»; OJEDA GONZÁLEZ, FRANCISCO MANUEL. Nació en Puebla del Río (Sevilla) el 6 de octubre de 1955. Tomó la alternativa en Puerto de Santa María (Cádiz) el 22 de julio de 1979 de manos de Santiago Martín Sánchez, «El Viti», quien le cedió el toro de Carlos Núñez, «Rompeplaza». El testigo fue José Luis Galloso. La confirmó en Madrid el 25 de julio de 1982, siendo su padrino José Luis Parada que le cedió la lidia y muerte del toro «Canastillo», de Cortijoliva, y el testigo «Gallito de Zabra».

«PALOMO LINARES»; PALOMO MARTÍNEZ, SEBASTIÁN. Nació en Linares (Jaén) el 27 de abril de 1947. Desde los primeros años de su infancia, cuando su padre pretendía que aprendiera el oficio de zapatero, él ya sentía la sangre torera en sus venas. En 1964 no puede resistir más desilusiones y llega a Madrid en busca de La Oportunidad de Vista Alegre. Y es en ella donde se pone a prueba y se da cuenta de que puede ser gente importante en el toreo. Luego saltó, para debutar con picadores, a Ondara (Alicante) el 3 de enero de 1965. Alternó con Vicente Punzón y Gregorio Tébar, «El Inclusero», toreando novillos de Núñez Guerra. El éxito fue arrollador. Ochenta novilladas ese año y 192 orejas cortadas. Al año siguiente toma la alternativa en Valladolid de manos de Jaime Ostos, quien le cede la lidia y muerte de «Feíllo», toro de

Salustiano Galache en presencia de Juan García «Mondeño». La confirmación de su valía fueron las cuatro orejas que se llevó. Ocurría todo el 19 de mayo. La rúbrica de ese doctorado la lleva a cabo en Madrid el 19 de mayo de 1970 con toros de Pérez Angoso, y cediéndole Curro Romero el toro «Presumido» y siendo testigo Juan José. A partir de aquí su vida torera fue una lucha entre el éxito y lo que la crítica decía de él. Y para colmo llega el 22 de mayo de 1972. Plaza de Las Ventas. Palomo Linares se entretiene en cortar un rabo al toro «Cigarrón» de Atanasio Fernández. Y, claro, entonces ardió todo lo habido y por haber. Ese mismo año cortó otro rabo en la plaza Monumental de México. Se retiró en 1985 y retornó el 19 de junio de 1993 en Linares, su tierra, matando seis toros en solitario y ante la televisión. Evidentemente fue un torero de gran raza y sabiendo torear. Hoy, a pesar del tiempo, sigue por el estilo. No se deja ganar por nadie. Es Palomo Linares, el de siempre.

«PAQUIRO»; MONTES REINA, FRANCISCO. Nació en Chiclana (Cádiz) el 13 de enero de 1805, falleciendo en la misma ciudad el 4 de abril de 1851. Tomó la alternativa en Madrid el 18 de abril de 1831, en la misma ocasión que Juan Jiménez, «El Morenillo», le cede un toro de Gaviria; ya que se lidiaron tres de esta ganadería y tres de Bañuelos. El testigo de la ceremonia fue Manuel Romero. Montes demostró que con él se marca una raya en la fiesta, es decir, la separación del toreo antiguo y el moderno. En 1836 aparece su «Tauromaquia o Arte de Torear», que firma con su nombre aunque se dice que se la dictó a don Santos López Pelegrín, «Abenamar». Modificó el traje de luces, dándole el carácter que aún tiene, con ligeras modificaciones; puso en marcha las cuadrillas como organización y encauzó la fiesta. Fue alumno aventajado de Pedro Romero.

«PAQUIRRI»; RIVERA PÉREZ, FRANCISCO. Nació en Zahara de los Atunes (Cádiz) el 23 de marzo de 1948. Toma la alternativa en Barcelona el 11 de agosto de 1966. Su padrino fue Paco Camino que le cedió la lidia y muerte del toro «Zambullido», de Carlos Urquijo. El testigo fue «El Viti». Un año después, el 18 de mayo, Feria de San Isidro, confirma esta alternativa de manos también de Paco Camino que le cede el toro «Alelado» de Juan Pedro Domecq. El testigo fue José Fuentes. El 26 de septiembre, en la población cordobesa de Pozoblanco, de 1984, el toro «Avispado», de Sayalero y Bandrés, segó su vida para siempre, sin que pudiera llegar al hospital Reina Sofía de Córdoba donde se le trasladó. Esa tarde actuaron con él Vicente Ruiz Soro y José Cubero Sánchez, «Yiyo», que un año después también se dejó la vida en las astas de un toro asesino. «Paquirri» fue un luchador que a base de coraje se hizo un gran torero. Estaba casado con la tonadillera Isabel Pantoja de la que tuvo un hijo.

«PARRITA»; PARRA DUEÑAS, AGUSTÍN. Nació en Madrid el 5 de mayo de 1924, perteneciente a una familia de toreros: su padre fue banderillero y su tío Ángel, picador. Tomó la alternativa en Valencia con el toro «Cidro» de la viuda de Galache. Su padrino «Manolete». La confirmó en Madrid el 30 de mayo de 1945 con el toro «Sombrerero», de la viuda de Galache. Vive en la actualidad en Madrid.

PASTOR DURÁN, VICENTE. Nació en Madrid el 31 de enero de 1879, en la calle Santiago el Verde, número 9, hijo de Miguel Pastor y de Antonia Durán. Fue bautizado el 2 de febrero siguiente en la parroquia de San Millán, de Madrid. El 27 de mayo de 1894, justo cuando muere «El Espartero» en Madrid, él y unos amigos van a Getafe a presenciar un festejo que apenas pudieron ver por el llenazo que hubo, pero a partir de ese día le entran las ganas de ser torero. Tras muchos sacrificios toma la alternativa en Madrid el 21 de septiembre de 1902. Se la otorga don Luis Mazzantini que le cede el toro «Aldeano», del duque de Veragua. Su último toro, del duque de Veragua también, se lo brindó al rey Alfonso XIII el 23 de mayo de 1918. Se llamaba «Cabrero». En total había toreado 145 novilladas y 456 corridas de toros. Murió en Madrid el 30 de septiembre de 1966.

«PEPE CÁCERES»; ESLAVA CÁCERES, JOSÉ. Nació en Tolima Honda (Colombia) el 16 de marzo de 1935. Tomó la alternativa en Sevilla el 30 de septiembre de 1956, siendo su padrino Antonio «Bienvenida» que le cede el toro «Secretario» de Joaquín Buendía. La confirma en Madrid el 1 de mayo de 1958. Padrino, Rafael Ortega, que le cede el toro «Saltador», de Clemente Tassara. Fue sin ninguna duda el mejor torero que dio Colombia hasta el momento de su muerte. Ésta tuvo lugar en Bogotá (Colombia) el 16 de agosto de 1987 como consecuencia de las gravísimas heridas que le produjo el toro «Monín» de la ganadería de San Esteban, toreando el día 20 de julio de ese mismo año en la plaza de Sogamoso.

«PEPE-HILLO»; DELGADO GÁLVEZ, JOSÉ. Nació en Sevilla el 14 de marzo de 1754. Y lo hizo en una hacienda llamada Villalvilla, sita en el distrito parroquial de Espartinas, cerca de Sanlúcar la Mayor, siendo hijo de José, corredor de caldos, y de Petronila, que le dedicaron más tarde al oficio de zapatero como a tantos torerillos de ayer y de hoy.

Pronto abandonó esta ocupación por la de su asistencia al matadero, donde se le puso el nombre de «Pepe-Hillo» sin que se sepa a ciencia cierta el por qué, pero donde aprendió a andar entre las reses bravas, hasta que con la protección y lecciones del célebre «Costillares», se dedicó por completo al arte del toreo, ingresando en la cuadrilla del referido «Costillares» que tanto le distinguió siempre.

No tardó mucho en sobresalir entre todos sus compañeros, y de tal manera ejecutaba las suertes, sobre todo los *recortes,* y otros momentos de los que se pueden llevar a cabo con el capote, que él manejaba con auténtica feligrana y del que siempre ha dado motivos de alegría el toreo sevillano que nadie le ganaba. Esto hizo que muy pronto se prendaran de él los públicos. Era un contraste observarle junto al toreo reposado de Pedro Romero.

Cuantas ocasiones se le presentaban de lucirse, allá

iba a intentar mostrar cuanto sabía, sin reparar, en muchas ocasiones las consecuencias que ello le podría traer; cuantas suertes hacían sus compañeros, él intentaba llevar a cabo. Si otro espada mataba recibiendo, él lo hacía, aunque el toro no se prestara a ello.

Así que, exaltado por su amor propio aventurábase como nadie, y por ese motivo fueron infinitas las cogidas que tuvo, y más de dos docenas de cornadas graves que sufrió hasta el día de su muerte, trágica y penosa.

Su competencia con Pedro Romero le llevó a veces a donde no debiera haber llegado nunca por mucha que ésta fuese. Y eso lo pagó caro.

Como es lógico, el público ayer como hoy, alentaba su bravura, pero ello le llevó a cometer muchos errores y a salir perdiendo con Pedro Romero, lo mismo que, algunas veces, no intentaba llevar a cabo alguna suerte por temor a no hacerla bien.

En el año 1800, uno antes de su trágica muerte, dictó y publicó con su nombre un libro titulado *La Tauromaquia* o *Arte de torear* que es el mejor y más extenso de los hasta entonces publicados y que causó gran revuelo.

Ningún torero de ninguna época ha tenido, ni siquiera en nuestros días, como éste tuvo en su tiempo, tanta aceptación, tanta popularidad, ni tanto prestigio entre todas las clases sociales. Su gracia personal, su gusto en el vestir, su excelente modo de comportarse con los demás, sus bromas y chistes con la gente encopetada, su inmensa generosidad con los más necesitados, su esplendidez con los compañeros, hicieron que fuese querido por todos y todas. Las duquesas se le rifaban, las condesas le asediaban, los ministros le querían a su lado... Un caso único en la historia del toreo.

Las manolas, que así se llamaba a las buenas mozas de Madrid, no desdeñaban tampoco los requiebros de «Pepe-Hillo», y trataban por todos los medios, estar con él. Si él correspondía o no a los deseos de las damas, cosa es no comprobada, como se puede entender, por nosotros. De cierto no se sabe más que él fue buen esposo y muy amante de su mujer, doña María del Pópolo, a quien consideró notablemente. Lo demás, de verdad..., Dios lo sabe, pero nadie más.

Murió en Madrid el 11 de mayo de 1801 al ser corneado por el toro «Barbudo», de Luis Rodríguez San Juan de Peñaranda de Bracamonte y está enterrado en el patio o atrio que da entrada a la iglesia de San Ginés en la calle de Arenal.

«PEROY»; AIXELÁ, PEDRO. Pedro Aixelá «Peroy» ha sido el primer matador de toros que ha dado Cataluña a la historia de La Tauromaquia. Había nacido en Torredembarra, Tarragona, el 15 de octubre de 1827. Su primer oficio fue el de mozo de diligencia, al ser su padre el capataz de una empresa de aquellos medios de transporte de entonces, que hacía el correo entre Barcelona y Zaragoza. A la muerte de su padre siguió con un tío suyo, pero ya con escapadas a encierros, capeas y demás que se celebraban en la región, hasta que en una ocasión que fue a torear a Barcelona José Redondo, «El Chiclanero», y aprovechar para ir a tomar las aguas termales a Caldas de Montbuy, allá por el año de 1845, y cuando volvía vio a «Peroy» tomar parte en un encierro; dijo «El Chiclanero»: «Este chaval puede ser torero». A lo que un industrial de Cataluña que viajaba con él le dijo: «Pero si es catalán». «Y qué importa, aunque sea inglés si tiene valor, que este chaval lo tiene, se puede ser torero». Añadiendo «El Chiclanero»: «Llámelo usted, que quiero conocerlo». Se le acercó Pedro Aixelá muy emocionado, y «El Chiclanero» le prometió ayudarle, lo que prácticamente no pudo hacer ya que murió poco después. No obstante, Pedro siguió hasta que en el 1853 lo llevó a Nimes y a otras plazas el novillero Basilio Fernández, «El Sastre». En Barcelona se presentó como banderillero el día de San Juan de 1855, llamando poderosamente la atención con las banderillas al quiebro, suerte aprendida en Francia en corridas landesas. El 1 de julio de ese mismo año estoqueó su primer toro en público, llamado «Peineto», que le cedió Manuel Arjona. Era el primer toro que un catalán estoqueaba en público. Siguió después por otras plazas. En el 1859 se presentó en Madrid llamando poderosamente la atención con las banderillas al quiebro y el salto de la garrocha, que parece ser que, como «Gordito», aprendió en Francia. En Madrid repitió varias veces. En La Habana llegó a cobrar 2.000 pesetas por actuación. La alternativa la tomó el 12 de julio de 1864 en Barcelona, se la dio Julián Casas, «El Salamanquino», con toros de Carriquirri. Siguió toreando y en el 1870 volvió a América, de donde trajo medallas y diplomas por sus actuaciones en Buenos Aires y Montevideo. De vuelta a España torea en Barcelona el 26 de junio de 1874 sufriendo una gravísima cogida por el toro «Artillero», de Carraquirri. Ese día actuaba con «El Gordito», y cuando aún no estaba recuperado por completo se comprometió para un festival en Barcelona a favor de los héroes de Puigcerdá, teniendo que desistir una vez en la plaza pero fue muy aplaudido por su gesto y pundonor, que fueron sus virtudes más notables. Al final se despidió de la afición en Barcelona en una corrida que se organizó en su beneficio el 24 de agosto de 1879, con toros otra vez de Carriquirri. Se retiró cuando vio que perdía facultades y no podía corresponder a la afición como en él era norma habitual.

Una vez retirado fue muy querido y estimado por todos, especialmente por los aficionados de Barcelona, hasta que murió de una mala enfermedad en el Hospital del Sagrado Corazón de Barcelona el 4 de marzo de 1892 a los 65 años de edad.

El valor y la honradez profesional fueron sus más acusadas características, habiendo ocupado un muy honroso puesto en el escalafón de los bravos matadores de toros de su época.

PONCE MARTÍNEZ, ENRIQUE. Nació en Valencia, en la Residencia Sanitaria de La Fe, el 8 de diciembre de 1971. Tras un aprendizaje que asimiló rápido de becerrista y sin caballos, pasó de inmediato a torear con caballos y a tomar la alternativa en Valencia el 16 de marzo de 1990, con toros de Puerta Hermanos. Su padrino, José

Miguel Arroyo, «Joselito», le cede el toro «Talentoso». El testigo de la ceremonia fue Miguel Báez, «Litri». Confirmó el doctorado en Madrid el 30 de septiembre de 1990. Toros de la Viuda de Diego Garrido. El de la confirmación, que recibió de manos de Rafael de Paula, respondía al nombre de «Farruco», el testigo fue Luis Francisco Esplá.

Es uno de los mejores toreros que han surgido estos últimos años y va camino de convertirse en una de las grandes figuras de final de siglo. Posee un gran sentido de la belleza plástica y mucho gusto interpretándola.

PUERTA DIÁNEZ, DIEGO. Nació en Sevilla el 28 de mayo de 1941. Se presentó en Las Ventas el 29 de mayo de 1958, actuando de compañeros con él, Miguel Mateo «Miguelín» y Emilio Redondo, que lidiaron novillos de Sánchez Fabrés. Este mismo año, el 29 de septiembre, con toros de Ricardo Arellano y Gamero Cívico, Luis Miguel Dominguín le da la alternativa cediéndole el toro «Zambombero». El testigo fue Gregorio Sánchez. Confirma ese doctorado en Las Ventas de Madrid el 20 de mayo de 1960, con toros de Bernabé Fernández Martín. Manolo González, su padrino, le cede el toro «Malagueño». Actúa de testigo Antonio Barrero, «Chamaco». Tras una carrera cargada de triunfos y muchas cogidas, algunas de ellas muy graves, se retira de los ruedos el 12 de octubre de 1974 en Sevilla, actuando mano a mano con Paco Camino. Esa tarde cortó dos orejas. En total las cornadas que sufrió fueron cuarenta y ocho, uno de los contemporáneos que más cogidas ha sufrido. Hoy es excelente ganadero y buen empresario taurino.

Paco Ojeda.

Palomo Linares.

R

«RAFAEL ALBAICÍN»; GARCÍA ESCUDERO, IGNACIO RAFAEL. Llegó al mundo en Madrid el 5 de julio de 1919. Tomó la alternativa en Madrid el 17 de octubre de 1943 con el toro «Huevero» de Ignacio Sánchez y Sánchez. Se la dio Joaquín Rodríguez, «Cagancho». Murió en Madrid el 3 de septiembre de 1981.

«RAFAEL DE PAULA»; SOTO MORENO, RAFAEL. Nació en Jerez de la Frontera (Cádiz) el 11 de febrero de 1940. Tomó la alternativa en Ronda (Málaga) el 9 de septiembre de 1960. Su padrino fue Julio Aparicio quien le cedió la lidia y muerte del toro «Voluntito» de Atanasio Fernández. El testigo fue Antonio Ordóñez. La confirmó en Madrid el 28 de mayo de 1974. Su padrino, José Luis Galloso, cediéndole el toro de José Luis Osborne, «Anadadoso». El testigo fue Julio Robles.

Torero gitano, capaz de un toreo de gran belleza cuando se entrega con el capote. Un auténtico embrujo.

«RAFAELILLO»; PONCE NAVARRO, RAFAEL. Nació en Los Corrales de Utiel (Valencia) el 2 de noviembre de 1912 y murió en Madrid el 16 de junio de 1972.

Tomó la altenativa en Valencia el 6 de octubre de 1935, teniendo como padrino a Rafael Gómez, «El Gallo» y de testigo a Luis Castro, «El Soldado». Los toros de Justo Manuel Puente; el del doctorado se llamaba «Tirolesillo». Se confirma en Madrid el 13 de octubre del mismo año. Padrino, Marcial Lalanda, testigo, Alfredo Corrochano. El toro de la confirmación se llamó «Granito». Fue un torero alegre y en cierto modo, encimista. Tuvo temporadas muy brillantes.

REVERTE JIMÉNEZ, ANTONIO. Nació en Alcalá del Río (Sevilla) el 28 de abril de 1870 y murió en Madrid el 13 de septiembre de 1903 en el Sanatorio del Rosario, como consecuencia de una operación que se le tuvo que practicar por padecer un tumor de hígado.

Allá por el 1890 empezó a destacar, matando por novillos auténticos toros. Toma la alternativa en Madrid el 16 de septiembre de 1891 de manos de Rafael Guerra, «Guerrita», quien le cede el toro «Toledano» del marqués de Saltillo. Se le quiso enfrentar a «Guerrita», pero éste demostró que Reverte no podía competir con él pese a ser un buen torero. La cornada más grave de su vida la recibió del toro «Gallito», de Ibarra, en Bayona (Francia) el 3 de septiembre de 1899.

RODRÍGUEZ RUIZ, FÉLIX. Nació en Santander el 26 de junio de 1905. Tras varios años luchando como novillero por lo ancho de la geografía española, tomó la alternativa en Barcelona el 3 de abril de 1927. Su padrino fue Victoriano Roger, «Valencia II», que le cedió el toro «Giraldillo» de José Bueno. La confirmación de esa alternativa tuvo lugar el 24 de abril de 1927, siendo padrino Antonio Márquez que le cedió el toro «Comerciante» de José García-Aleas.

Falleció en Madrid el 31 de enero de 1943.

ROMERO CARRETO, MANUEL. Llegó al mundo este torero en Sevilla el 23 de junio de 1796 y toreó en la plaza de Madrid ya como espada distinguido, desde el 17 de diciembre de 1829 —en que alternó por primera vez— hasta el 27 de enero de 1834, y las noticias que de él tenemos, no muchas, son de que era un diestro con cierto garbo y bastante pinturero con el capote y con la muleta aunque bastante indeciso a la hora de matar, a pesar de la facilidad con que algunas veces metía la espada, y que se negó a ceder a Francisco Montes, «Paquiro», su derecho de antigüedad como matador de toros.

Sin ser este matador de toros uno de tantos comparsas que existían en su tiempo, lo cierto es que su nombre ha sido muy poco conocido por los aficionados e incluso por los historiadores quienes, en la mayoría de los casos, han pasado de puntillas en la investigación. Sin embargo, es una pena. Este tipo de toreros merecen estudios a fondo.

Lo que no hemos podido hallar en ningún tratado de tauromaquia ha sido su fecha de muerte.

ROMERO, FRANCISCO. Nació en Ronda (Málaga) el 26 de marzo de 1700 y aunque se ha dicho que es el primer matador de toros que ha existido, nosotros pensamos que no es cierto ya que, como se puede leer en este mismo libro, antes hubo algunos otros diestros que se *movieron* por la geografía española. Desde niño se fue a vivir a Ronda y allí se dedica a *las tareas del toreo* y todo nos hace pensar que fue él quien inventó la muleta. En principio hizo de chulo con los caballeros maestrantes y su momento más sobresaliente se cifra entre el 1725-1726, ya que así se escribe de él. Patriarca de la familia que lleva su apellido, no podemos afirmar cuanto toreó ni cuando murió, aunque en algunos escritos se afirma que pudo ocurrir en mayo de 1775.

En cualquier caso fue uno de los pioneros del toreo a pie y merece figurar entre los privilegiados.

ROMERO MARTÍNEZ, ANTONIO. Llegó al mundo en Ronda el 18 de septiembre de 1763. Fue el más joven de los matadores hijos de Juan Romero. Su hermano Pedro le dio la alternativa en Sevilla el 7 de julio de 1789. Ese mismo año toreó en Madrid impuesto por su hermano y así lo hizo varios años más. El 5 de mayo de 1802 un toro le dio una tremenda cornada en la ingle derecha y a consecuencias de las gravísimas heridas su vida se apagó esa misma noche sin que pudiera decir apenas palabra alguna.

ROMERO MARTÍNEZ, PEDRO. Nació en Ronda (Málaga) el 19 de noviembre de 1754 y fue, sin nunca ser rebatido por nadie, el torero más grandioso del siglo XVIII y uno de los más grandes de todas las épocas del toreo.

Fue, una vez retirado, director de la *Escuela de Tauromaquia* de Sevilla creada por el rey Fernando VII en 1830. Si con justicia se ha llamado por los buenos aficionados al célebre Francisco Montes, «Paquiro», *el Napoleón de los toreros* para significar la superioridad de éste sobre sus compañeros de profesión. Al maestro Pedro Romero habría que llamarlo en el arte de los toros el *César o el Alejandro*.

A los quince años era ya un hombre formado, robusto, fuerte y de elevada estatura, y en cuanto se le permitía, como era un excepcional aficionado a los toros, tomaba parte en las becerradas que se organizaban; y de tal modo se fue perfeccionando, que al cumplir los dieciséis años fue contratado como banderillero en la plaza de Ronda, dándole desde entonces lecciones de tauromaquia su padre Juan que no tardó en incorporarlo a su cuadrilla.

En 1775, tras haberle presentado en diversas plazas de provincia, se presentó en Madrid donde su presencia llamó poderosamente la atención, porque los buenos e inteligentes aficionados de entonces, que los había igual que en nuestro días, vieron en él gran serenidad, mucha destreza para vencer a los toros y, sobre todo, un gran arte y especial manejo de la muleta que era en sus manos una auténtica muralla a la hora de defenderse de las acometidas de los toros. En Madrid tomó la alternativa el 22 de abril de 1776.

Su toreo, su modo de torear según todos los estudios era sereno, ceñido, parado, sin apenas moverse, y sólo moviendo la muleta. Los quites los hacía con tal rapidez, que era siempre el primero que llegaba cuando un picador era derribado, algo que admiraban todos los compañeros. Todos los considerados figuras por aquellos días, en particular «Costillares» y «Pepe-Hillo», intentaban ganarle cada tarde que toreaban con él; pero la inteligencia de éste, su sangre fría, dominaban la voluntad de los públicos que se le entregaban olvidándose de los demás, y muchos compañeros le tuvieron que agradecer el que él salvara las tardes de tedio.

Su mayor destreza estaba, en cualquier caso, en la facilidad para dar muerte a los toros sin que éstos le cogieran. Para que se hagan una idea los aficionados, llegó a matar hasta su retirada un total de 5.600 toros sin que ninguno de éstos lograra derribarlo y menos herirlo.

Logró memorables éxitos en todas las plazas, pero Madrid fue la de sus grandes hazañas, de sus faenas memorables en las que entregó lo mejor de su ser.

En 1799 se retira del toreo y se va a vivir a Ronda, su lugar de nacimiento, donde rodeado del cariño de todos sus familiares y de cuantos le conocieron y trataron, murió la mañana del 10 de febrero de 1839. Se iba para siempre el torero más grande de toda la dinastía de los Romero.

Francisco Romero.

S

SÁNCHEZ MEJÍAS, IGNACIO. Nació en Sevilla el 6 de junio de 1891. Fue banderillero de la cuadrilla de «Joselito», quien más tarde sería su cuñado. Tomó la alternativa en Barcelona el 16 de marzo de 1919 con el toro «Buñolero» de Vicente Martínez, siendo padrino «Joselito». El testigo fue Juan Belmonte. Ese año toreó 50 corridas. Confirmó esa alternativa el 5 de abril de 1920 teniendo como padrino otra vez a «Joselito», entonces llamado «Gallito», y a Juan Belmonte y «Varalito» como testigos. Los toros fueron también de Vicente Martínez y el de la confirmación se llamaba «Presumido».

Falleció en Madrid el 13 de agosto de 1934 a consecuencia de la cornada mortal que le dio «Granadino», de Ayala, recibida en la plaza de Manzanares (Ciudad Real) dos días antes donde actuaba en sustitución de Domingo Ortega y teniendo como compañeros al mexicano «Armillita Chico» y Alfredo Corrochano.

Dominó todas las suertes y fue un original escritor, amén de ser amigo de los mejores intelectuales de la época. A él cantó García Lorca a «las cinco de la tarde».

SERNA GIL (DE LA), VICTORIANO. Llegó al mundo en Sepúlveda (Segovia) el 1 de septiembre de 1910. Tomó la alternativa en Madrid el 29 de octubre de 1931 de manos de Félix Rodríguez, quien le cede el toro «Rompedor» de la viuda de José Aleas en presencia de Pepe

Bienvenida. Sus temporadas cumbres son los de 1933 y 1934. Se retiró en 1940 y reapareció en 1943 para retirarse definitivamente en 1944, tras llevar a cabo la mejor faena de su vida en el mes de junio en la plaza de Las Ventas, alternando con Manolo Escudero y Rafael Albaicín. Falleció en el Valle de Alcudia el 22 de mayo de 1981.

SILVETI, JUAN. Vio la luz primera el 8 de marzo de 1893 en Guanajuato (México) y murió en la capital mexicana el martes 11 de septiembre de 1956, concretamente en el Hospital Militar tras una penosa enfermedad.

Juan Silveti, padre del actual matador de toros del mismo nombre, se aficionó desde muy chico a la fiesta de los toros, y en 1914 se presentó como novillero en la plaza «El Toreo» de la capital mexicana. Juan Silveti alardeó desde sus comienzos de un valor auténtico que le condujo en varias ocasiones a las puertas de la muerte, sin que las gravísimas cogidas que sufrió mermaran en lo más mínimo sus arrestos toreros.

Vino a España ya empezada la temporada de 1916, y el 18 de junio de dicho año Luis Freg le dio la alternativa en la plaza de las Arenas, de Barcelona, cediéndole el primer toro de la corrida, toro que pertenecía a la ganadería de Pérez de la Concha. El día 22 del mismo mes de junio toreó en Valencia reses de Palha, alternando con Luis Freg y «Saleri II». El segundo toro le cogió al llevar a cabo un quite por manoletinas produciéndole una gravísima herida en el pecho. Por este percance sólo pudo actuar en ocho corridas durante la temporada.

En la corrida de inauguración de la temporada madrileña de 1917, celebrada el 8 de abril, Rafael «El Gallo» le cedió el toro «Zarcillo» de la ganadería de García de la Lloma, toro con el que confirmó la alternativa. Completaron el cartel junto a los citados, «Cocherito de Bilbao» y Pacomio Peribáñez. «Zarcillo» cogió a Silveti al entrar a matar. Marchó a México y no volvió a España hasta 1920 para torear solamente cuatro corridas. En la temporada 1921-22 toreó en México treinta y tres corridas. En la temporada 1921-22 toreó en México treinta y tres corridas, una de ellas el 26 de marzo de 1922 como único matador. En 1922 toreó en España cuatro corridas. Permaneció en la Península en 1923 y logró, desde el punto de vista artístico, una buena temporada. Regresó de México en 1925 y toreó por última vez en España el 23 de agosto en Madrid alternando con «Larita» y «Rodalito» en la lidia de seis toros de Palha. Toreó después en México, Perú, Ecuador y Colombia, y en 1933 sufrió una gravísima cornada en Bogotá.

Muy popular en España por su valor y por su pintoresca manera de presentarse en público, con su gran garabato sobre la frente, sus puros de gran tamaño, su amplísimo sombrero mexicano, su impresionante voz de bajo y su pistolón al cinto, hizo que el público español le quisiera y sintiera profundamente su muerte. En España dejó grandes y buenos amigos y mereció el apodo que se le dio: «Tigre de Guanajuato».

Sin ninguna duda fue una de las grandes figuras del país azteca y del mundo.

SOLÓRZANO DÁVALOS, JESÚS. Sin ninguna duda nos hallamos ante otro de los grandes maestros de México. Nació en Morelia el 10 de enero de 1908. Tomó la alternativa en Sevilla el 28 de septiembre de 1930 teniendo como maestro de ceremonia nada menos que a Marcial Lalanda, el más grande, que le cedió el toro «Niquelado» de José Luis Pallarés. La confirmación tuvo lugar en Madrid el 6 de abril de 1931, apadrinándolo en esta ocasión Nicanor Villalta que le cedió el toro «Espartero» de Bernardo Escudero Bueno. Falleció en México D.F. el 25 de septiembre de 1983. Engrandeció el toreo de su país en todo el mundo taurino.

Ignacio Sánchez Mejías.

T

«TOMÁS CAMPUZANO»; RODRÍGUEZ PÉREZ, TOMÁS. Nació en Écija (Sevilla) el 21 de febrero de 1957. Recibió la alternativa en Sevilla el 24 de abril de 1979. Su padrino fue Curro Romero quien le cedió el toro «Cortador» de Manolo González. El testigo fue «El Viti». La confirmó en Madrid el 5 de agosto de 1979. Su padrino fue Antonio Vargas y de testigo Antonio Chacón. El toro, de La Herguijuela, respondía al nombre de «Conejito». Es un torero de los llamados de *entrega,* corazón y honestidad. Siempre sale a darlo todo y es querido por la afición.

Tomás Campuzano.

V

«VARELITO»; VARE GARCÍA, MANUEL. Nació en Sevilla, en el mismísimo barrio de Triana, el 20 de septiembre de 1894. Formó parte de una cuadrilla juvenil y en 1912 se presenta en Sevilla y al año siguiente debuta en Madrid, donde no volvió hasta el año 1916. El 26 de septiembre de 1918 toma la alternativa en Madrid de manos de José Gómez, «Gallito» que le cede el toro de Salvador García de Loma, «Flor de Jara», completando el cartel Domingo González, «Dominguín». Toreando en Sevilla la tarde del 23 de abril de 1922, con un público influenciado por cierto politiqueo de entre bastidores, fue herido al entrar a matar al quinto toro del marqués de Guadalest de nombre «Bombito». A consecuencia de ello murió 22 días después.

VÁZQUEZ BAZÁN, JOSÉ MARTÍN. Nació en Sevilla el 6 de agosto de 1927. Tomó la alternativa en Barcelona el 3 de septiembre de 1944. Lo apadrina Domingo Ortega que le cede el toro «Partidario» de Alipio Pérez Tabernero. La confirma en Madrid el 29 de abril de 1945 de manos de Pepe «Bienvenida» y con el toro «Encandilado» de María Montalvo. Torero fino y elegante donde los haya, entusiasmaba a los públicos.

VÁZQUEZ GARCÉS, JOSÉ LUIS. Nació en el barrio sevillano de San Bernardo el 21 de diciembre de 1921. En Madrid se presenta como novillero el 13 de julio de 1939 alternando con Félix Almagro, muerto esa misma tarde, y Mariano García, con novillos del maestro Domingo Ortega. La alternativa la recibe el 15 de agosto de 1940 en su ciudad natal: Sevilla. Pepe Bienvenida le cede el toro «Sabihondo» de don Francisco Chica. El testigo fue «Gitanillo de Triana». Esa misma temporada, el 20 de octubre, confirma esa alternativa en Madrid, cediéndole Marcial Lalanda el toro de don Bernardino Escudero Calvo «Carmoneño». El testigo fue «Gallito». Su retirada de los ruedos se lleva a cabo el 20 de septiembre de 1959 en Madrid. Intervinieron en esa corrida su hermano Manolo y Curro Romero, lidiando cinco toros de Juan Antonio Ávarez y uno de Aleas.

Fue uno de los toreros más finos y elegantes de este siglo. La mejor faena de su vida, según él mismo, la llevó a cabo en Madrid con el toro «Misionero», un sobrero de «Castillo de Higares». En total trece años largos en la profesión.

VILLALTA SERRES, NICANOR. Llega al mundo en Cretas (Teruel) el 20 de noviembre de 1897. En Madrid hace su presentación como novillero el 2 de abril de 1922 arropado por su paisano «Morenito de Zaragoza» y en compañía de «Facultades». Los novillos son de Moreno Santamaría. No tardaría mucho en ser matador de alternativa, pues el 6 de agosto de ese mismo año la toma en San Sebastián. El diestro mexicano Luis Freg le cedió la muerte del toro «Capotero» de don José Bueno en presencia de Marcial Lalanda y Pablo Lalanda. La confirmación en Madrid se llevó a cabo el 21 de septiembre de ese mismo año y Diego Mazquiarán, «Fortuna», le cedió el toro «Podenco» de Matías Sánchez. El testigo fue Emilio Méndez. Se retiró de la profesión el 17 de octubre de 1943 en la plaza de toros de Zaragoza alternando con Manuel Rodríguez Sánchez, «Manolete», y Emiliano de la Casa, «Morenito de Talavera», con una corrida de Sánchez Fabrés. Falleció en Madrid el 6 de enero de 1980. Fue un gran torero y eso se notaba hasta en su forma de andar y vestir. Jamás quebrantó la compostura torera.

Manuel Vare García «Varelito».

Y

«YIYO»; CUBERO SÁNCHEZ, JOSÉ. Nació en Burdeos (Francia) el 16 de abril de 1964. Fue alumno de la Escuela de Tauromaquia de Madrid. Se presentó en Las Ventas como novillero el 11 de mayo de 1980, alternando con Carlos Aragón Cancela y Lucio Sandín. Tres novillos de Francisco Ortega Sánchez y tres de García Romero Hermanos. Tomó la alternativa el 30 de junio de 1981 en Burgos siendo padrino Ángel Teruel y testigo José María Manzanares. El toro de la ceremonia, como todos, fue de Joaquín Buendía Peña y llevaba el nombre de «Comadrejo». La confirmó en Madrid el 27 de mayo de 1982 con toros de Félix Cameno. José María Manzanares le cede el toro «Bohemio II» en presencia de Emilio Muñoz.

El 30 de agosto de 1985, sustituyendo a Curro Romero en Colmenar Viejo, «Burlero», toro de Marcos Núñez estando herido de muerte, le partió el corazón de una cornada. Yiyo murió en el acto. Iba para gran figura del toreo.

José Cubero Sánchez «Yiyo».

ENTRE
LAS FIGURAS
Y
LAS ESPERANZAS

LOS MEJORES TOREROS PARA LA HISTORIA

Para situarnos en lo que queremos significar y decir, nada fácil, tendremos que detenernos en el término *figura* que empleamos como titular y base de este apartado y preguntarnos: ¿qué es una *figura* del toreo en la historia de la Tauromaquia?

En general, se entiende que *figura* puede ser la cara, el rostro o forma exterior de un cuerpo sin limitarnos exclusivamente a las partes citadas. Es decir, cosa que significa o representa otra. En otro apartado, cuando de juego especializado se trata, cualquiera de los naipes llamados sota, caballo y rey. Puede ser igualmente una nota musical. Pero si hablamos de geometría nos tendremos que referir al conjunto de líneas que representan objetos o que sirven para alguna demostración. En teatro, se designa así al personaje central de una comedia. Expresándonos en términos generales, designa a *un hombre entonado, bastante vanidoso; un fantasmón. Es una persona ridícula y de mala traza,* etc. Si nos vamos al término empleado taurinamente, se han dicho tantas cosas, empleando tantos adjetivos y superlativos, que citarles aquí aunque en mínima parte, nos llevaría a emplear toda una obra. Y es que, además, para cada persona la *figura* es *su figura,* la que se acerca más al gusto personal de quien contempla. Luego, claro, aquella *figura* no lo fue y quedó, o pasó, sin dejar huella. Se dijo, por ejemplo, que Perico era una *figura* y después, en términos taurinos, no llegó a nada. Ni antes ni en el sentido riguroso del término. En realidad es que el tal Perico (personaje figurado) sólo fue figura en la imaginación y el subconsciente subjetivo de unos aduladores que suelen medrar alrededor de quienes se visten de luces.

Sabemos, naturalmente, que en el mundo de los toros, cuando pretendemos elevar a alguien es un modo de hablar que se usa para dar realce, grandeza o fuerza a los personajes más sobresalientes de las distintas épocas. Pero tenemos que tener mucho cuidado a la hora de designar a un torero como *figura*.

¿Por qué decimos esto?

La razón es sencilla: que hoy, en el momento de iniciar esta obra, el término está mal empleado, desfigurado y falseado. Nos explicamos: cuando los llamados taurinos, la gente que se mueve alrededor de la fiesta, usara la palabra *figura* para designar a un torero como el máximo, se lo debía pensar muy seriamente ya que en estos momentos se emplea dicha palabra para ensalzar a cualquier torerillo que acaba de llegar, como si la historia no contara para nada ni los méritos contraídos en el ruedo tuvieran balance alguno a la hora de juzgar y valorar las cosas y los hechos.

Lo que sostenemos

Ser figura del toreo es algo que, de alguna manera, marca una época, mantiene el interés durante años, crea algo propio y, en definitiva, significa algo más que el estar unos días en la mente del aficionado o simple curioso y, sobre todo, mantenerse dentro de la Historia con cierta pasión, interés y respeto por parte de la mayoría.

No podemos, si queremos ser rigurosos de cara a la historia, olvidarnos del hecho histórico de los toreros pioneros que dieron vida al toreo en momentos mucho más duros que los actuales. Y, aunque sólo sea por esto, deben considerarse como figuras. Primero, porque para aquella generación, estos toreros fueron auténticos ídolos y, también, porque luego levantaron la admiración y el respeto de quienes llegaron con posterioridad y, segundo, para nosotros, porque debemos respetar el hecho de que en aquel instante dieron todo lo que sabían. Así pasó al menos hasta nuestros días.

Es decir, que en este momento y cuando designemos a una figura como tal, estaremos valorando el hecho histórico, el mantenimiento en la profesión, la interpretación de su toreo en todos los aspectos y lo que éste ha significado para un determinado momento del toreo.

Esto significa que trataremos el tema con el máximo rigor y, con las limitaciones humanas, daremos una visión lo más exacta posible del por qué y el cómo de lo que sostenemos.

Los cien primeros

¿Cabe más osadía, después de esto, que hacer una selección de 100 figuras que han de pasar a la historia como tales?

Evidentemente es osado.

Pero necesario.

Imprescindible.

Son varios siglos de toreo y hay que construir su historia real. Y construirla con la mayor rigurosidad y objetividad. Sabemos que nuestra osadía no tiene límite, que la empresa es de lo más difícil, pero nos hemos marcado esa meta y estamos dispuestos a lograrlo sin regatear esfuerzo alguno. Y exponemos por qué estamos convencidos de que es imprescindible que se construya, de una vez por todas, la Historia de la Tauromaquia, en este caso analizando a sus protagonistas desde el primer instante en que éstos han dado vida, calor y amor a un arte nada fácil desde su nacimiento; y hacerlo, principalmente, sobre todo en los apartados que más han destacado de la misma. Naturalmente se nos queda corto el espacio; sabemos, claro, que muchos protagonistas anónimos debieran figurar que hoy no sacamos, pero el lector sabrá comprender nuestra postura. Sin embargo, cuantos aparezcan, será por auténtico mérito.

¿Són homogéneas las figuras de los siglos XVI, XVII, XVIII, XIX, con las del XX, por ejemplo?

Está claro que existen grandes diferencias entre el toreo de los primeros siglos con el de nuestros días. También el gusto del espectador era otro; incluso la forma de vestir, andar y de su comportamiento en general. Y es apenas natural. En cambio, no podemos olvidar a todas aquellas figuras que dieron algo por lo que hoy está más vivo que nunca.

Los Borbones. Historia de una coincidencia

Se ha hecho mucha literatura al respecto; se ha vertido demasiado lodo y falsedad sobre los Borbones y la relación de éstos con el pueblo, pero lo cierto es que, si bien en Francia desataron la Revolución, en España, como por arte de magia, hicieron que el toreo se produjera con indudable fuerza y vitalidad, amén de una fe ciega en el espectáculo. Los acontecimientos tienen su relación y hasta su literatura, que puede enlazar con la democracia o con una literatura democrática fuerte y cada vez más robusta. Mientras que el pueblo francés tomaba la Bastilla, el español, llano y sencillo, el popular, asalta y recupera el toreo como tal, abandonado éste por los nobles en vista de que al rey Felipe V no le gusta como espectáculo la corrida de toros y se entregan ante los hechos evidentes de mando rindiéndole pleitesía.

La *toma* de la Bastilla taurina, con un paralelismo milagroso, se lleva a cabo exactamente en el mismo momento en que se asalta a la famosa prisión parisiense. Crónicas de aquella época, cartas que se cruzan entre la gente real o Comisión de festejos, dejan constancia de esta gran afición que emana del pueblo español más humilde. A lo largo de cientos de años este pueblo llano, sencillo, ha tomado parte, constantemente, en la lucha primero y en el *juego* (toreo) después, con toros bravos. Y es muy curioso, casi hipócrita, que los *medios* de difusión de la época sólo hablen de las hazañas de los nobles e ignoren todo lo bello y grande que brota del pueblo. Es una contradicción constante entre la realidad de lo que se realiza y lo que se informa de manera notoria, a veces espectacularmente.

Hasta 700, el Gobierno y el toreo, quienes manejan los hilos de éste, prefieren que sea sólo cosa de nobles; su ejercicio está reservado a la aristrocracia de la sangre como si esto tuviera algo que ver con el buen conocimiento del arte de torear; los hombres del pueblo, los trabajadores son meros criados casi siempre del caballero en plaza. Al llegar los Borbones al trono de San Fernando, la aristocracia como clase especial privilegiada, pierde su hegemonía. Al mismo tiempo abandona el toreo. Nada importa que haya cambiado la nueva savia en los gobernantes; aunque llevan coronas bordadas en sus camisas, son ya otro tipo de gobernantes. Son unos *intelectualizados* que pretenden la transformación de España desde los despachos. ¿Lo conseguirán?

Tratemos de verlo con claridad.

Estos *nobles,* sus delicadas y finas flores de lis empiezan a repudiar, sin miramientos, *a los bárbaros que interpretan el toreo y la costumbre de las corridas de toros.* Lo que poco tiempo antes era *una maravilla, la joya más preciada del arte,* ahora, sin ninguna justificación del cambio, el panorama ha dado un giro radical. Se ve mal que los nobles quiebren rejones en el bello asfalto de la Plaza Mayor de Madrid; se dice que *montar a la brida* es hacerlo en carrousel. Es en este momento cuando el pueblo, dándose cuenta de la importancia y del absentismo de los nobles, se lanza con fuerza a la lucha y hace suya la fiesta de los toros. De criados y servidores de los señoritos, de ser los *locos de a pie,* se convierten en profesionales y empiezan a ir de feria en feria, de ciudad en ciudad, buscando, y lográndolo, ser contratados para matar toros a pie. Mientras, son expulsados los jesuitas, se inventa la máquina de vapor y Campomanes acaba de publicar su Memorial ajustado; es decir, el primer proyecto de reforma agraria. Pero, ¿qué sucede en ese mismo instante en el planeta de los toros? Que ese 23 de junio de 1771 al pueblo no le interesan los inventos ni las reformas, lo que en verdad le duele, lo que le conmueve, es la muerte del matador de toros José Cándido Expósito en el Puerto de Santa María al recibir una cornada mortal de un toro bragao y meano del ganadero Bornos que segaba la vida del valiente diestro diez horas después. Era el primer espada que moría en las astas de un toro. Al menos del que se tienen noticias.

Rousseau publica su *Contrato Social.* El gobierno de los *listillos* trata de hacer entrar en vereda al pueblo legislando desde los despachos pero, naturalmente, cada día se despega más de él. Y el pueblo, que de tonto no tiene un pelo, va conquistando el toreo despacio pero sin pausa.

A estas alturas, ya son figuras famosas los Romero y los Palomo, chulos de las maestranzas de Ronda y Sevilla, seguidos de José Cándido de Chiclana, y «Costillares» de Sevilla, con Calderón y Martincho.

Mientras que los políticos intentan, sin lograrlo, planificar la administración y poner medio a tono la economía, Francisco Romero cuelga de un palo el capotillo que hasta entonces llevaban en el brazo izquierdo —ya sabemos sobradamente que hay antecedentes muy antiguos, pero la muleta, como instrumento puesta a punto, normalizada, usual, tiene ahí su nacimiento— y Joaquín Rodríguez «Costillares» inventa el volapié para poder matar los toros que no se arrancan cuando se les llama en la suerte de recibir. El mismo año de su muerte, José Cándido llega a cobrar, en firme, 6.500 reales, pero no faltan quienes mantienen que llegó hasta 10.000 reales. Bastante más que cobraban entonces los picadores que eran considerados en aquellos momentos las auténticas figuras del toreo. Esto significa un hito en la historia del toreo de esos momentos y se ve palpablemente que se empieza a imponer el toreo de a pie al tiempo que se forjan nuestras figuras para la historia. Se dan pasos de auténtico gigante.

El pueblo, cada vez más fuerte

La fuerza del pueblo, la de la razón, se implanta, y Carlos III, entre academia y pragmática de prohibición, se ve obligado por medida de buen gobierno, a autorizar algunas corridas de toros; y cuando no las autoriza se celebran sin real permiso *que él no quiere* —afirman los españolitos de a pie— *porque no le da la gana, nosotros sí queremos.*

Nos encontramos en los momentos claves de la historia. La burguesía ciñe collares espectaculares cargados de colorines; en otros lugares esos collares se convierten en sangre. Ha llegado el inventor de la guillotina, el doctor Guillotin. Los franceses están en plena revolución. En la plaza de la Concordia se dejan ver las empolvadas pelucas de Luis XVI y María Antonieta que al final ruedan por el asfalto al grito de guerra y de tradición. Al mismo tiempo, también en España ruedan sin vida las ideas y planificaciones de Carlos III que prohibían las corridas de toros. Está muy claro que no se puede ir contra la razón. Y ésta es que ni los reyes quieren torear a caballo, ni prohíben los toros. Es el momento, quizá más importe, difícil y pragmático, de la historia del toreo. Y en ambos casos, el paso lo ha dado el pueblo cargado de intuición y sabiduría popular.

Carlos III, por más que lo intenta, no logra organizar la sociedad española como pretende, en cambio, se puede calificar de aceptable su pragmática en cuanto a los resultados de la administración. En el toreo, tan anárquico casi siempre, profesionales y hombres del pueblo se han puesto de acuerdo y han sentado normas firmes, han creado escuela. O escuelas. José Delgado «Pepe-Hillo» escribe el primer tratado de Tauromaquia titulado *La Tauromaquia o Arte de torear.* Pedro Romero y «Pepe-Hillo», Ronda y Sevilla, Sevilla y Ronda, con su saber, con todo el quehacer artístico que corría por sus venas, con su fuerte personalidad, establecen las bases del arte de torear; y lo llevan a cabo con tal precisión, con tal sentido de la medida, del momento social, que aún hoy se sigue hablando de las Escuelas que ellos fundaron. Valdría la pena meditar un poco sobre ello en los umbrales del siglo XXI. Cabe preguntarse si las situaciones político-sociales en España responden a un principio coyuntural de *casualidad* o *causalidad.* Existe una gran lucha entre Ronda y Sevilla partidista, interesada. Cierto que es taurina la división. Pero no menos cierto que es el principio de las dos Españas. De los dos bandos. El siglo que se aproxima no conoce más división que lo rondeño y lo sevillano, pero ya todo será una permanente guerra civil. Las competencias, que si se polarizan en el toreo lo elevan tanto que han sido a través del tiempo, los mejores momentos de toda la historia, terminan derivando a la política regando de sangre los campos más bonitos de España. Los trigales amarillentos han terminado por ser rojos de la sangre derramada, incluida la de muchos toreros.

La nueva época

¡Curioso! Los cortesanos, vistos los resultados, han puesto sus barbas a remojar. *Está claro* —se dicen— *que hay que convivir con el pueblo, darle coba y aceptar incluso seguir su mismo juego.* Es cuando la burguesía, unida al cortesano, trata y lo consigue, alternar con el chispero; es el momento también de que el noble busque las cosquillas, y lo hace, de la maja; de llevarse al campo a la tabernera de rosados mofletes; y el torero, para no ser menos, le entra por derecho a la duquesa. Unos y otros, con mofa y pasión, se mezclan para asistir al *motín de Aranjuez.* Se lleva el manolismo, la chulería; hasta la insolencia, y la aristocracia aspira a ser también como el pueblo. Es el momento de la aparición de un cazurro de Aragón que luego escribiría, con sus cuadros, la crónica de una época: Goya, el de los toros. La aristocracia ya no es intocable y el pintor, bastante más cerca de la plebe que del poderoso, se ensañará en la barriga burguesa de Carlos IV y en la ganchuda nariz de María Luisa. Hay que acabar con los viejos poderes. Y en estos momentos de la historia «Pepe-Hillo» y Pedro Romero son más reyes que Carlos III. Ahora las duquesas, tan *remilgadas* antes, tan *puritanas* ellas, se dejan tocar y juegan a la *gallina ciega* en la pradera de San Isidro con los ojos tapados... Quizá, lo que no pretendían ver fuese el genio del inglés Nelson en Trafalgar quien acababa de asestar tal mazazo que ha hundido para siempre el último recuerdo de un imperio y, como tal, sumido a España en un verdadero caos. No hay reyes que gobiernen, sólo desatinados devaneos, y naturalmente el pueblo decide por su cuenta elegir a sus ídolos, que para ellos son los reyes. Éstos tienen nombre propio en ese momento de la historia. Se llaman: Joaquín Rodríguez «Costillares», Pedro Romero, «Pepe-Hillo», Jerónimo José Cándido y «Curro Guillén». La plenitud en el toreo está en lo más alto, implanta carta de naturaleza. El pueblo cada día está más contento con sus ídolos y en todos los lugares se habla de toros. Es el momento de imponerse. De conseguir el respeto por parte de todos los ciudadanos hacia los toreros que, uno tras otro, van perfeccionando su forma de torear y dejando huella en cada una de sus actuaciones y actos, bien profesionales o privados. *El toreo,* se piensa ya, *es cosa de hombres muy machos.*

Mientras en Europa se levanta un vendaval que es imparable y como *ya no hay Pirineos* llega a Madrid un 2 de mayo. Es el momento de invertir los términos y el grito de *¡A los toros!* se trueca en el de *¡A las armas!* Ya no existe tiempo para ir a los toros, aunque Napoleón Bonaparte, en su afán de conquistarse a los españoles organice algunas corridas de toros en Madrid e incluso llega a asistir a ellas. Pero las tornas han cambiado y ahora es el pueblo quien no quiere toros. Napoleón es el gran animador de la revolución y la propaga al viento vaya donde vaya; las batallas de Austerlitz y Waterloo dejan huella en los niños; pero curiosamente, la gran huella que deja sobre Europa es su código de legislación. En España, y más concretamente en la fiesta de los toros, su hermano José es quien *codifica* la anarquía de la plaza; crea el billetaje y establece las divisiones y luchas que aún perduran: *Sol*, *Sombra y sol*, y *Sombra*. Ya es paradójico que esta división en las plazas se deba a un invasor. Pasado el tiempo, Francia, taurinamente hablando, se ha erigido en una auténtica institución.

Muy próximo al río, desde una ventana de su Quinta del Sordo, Goya ve con terror cómo se fusila sin piedad a patriotas en la montaña del Príncipe Pío, y ese recuerdo quedará plasmado en su pintura colorista *porque el sueño de LA RAZÓN ENGENDRA MONSTRUOS*. Es el momento de cruzar la frontera, mientras sus majas y duquesas quedan en España para plantarle cara a los enemigos.

Muerto «Pepe-Hillo» por el toro «Barbudo» y retirado de los ruedos Pedro Romero, el intocable, casi simultáneamente, cuando el siglo hace su aparición, el toreo inicia una etapa que se corresponde también con la inestabilidad política de España. Son fulgores pasajeros y mucha mediocridad.

El siglo XIX, el mejor taurino

«Costillares», «Pepe-Hillo» y Pedro Romero han llegado al máximo. Han sido capaces de dar al toreo a pie, al del pueblo, las normas que lo elevan hasta lo más sublime de las artes; y el pueblo lo ha aceptado; han creado dos estilos contrapuestos, dos tendencias que más tarde llamarían *escuelas*. Su vigencia abarcará, con creces, bastante más de un siglo, desde finales del XVIII a la primera indicción del XX, en la cual un torero enclenque, feo y enfermizo, del que todo el mundo duda en un principio pero al que se le guardaban las debidas distancias, rompe todas las normas y se alza como líder indiscutible. Es ni más ni menos que Juan Belmonte, el «Pasmo de Triana», aunque no naciera en ese barrio.

La tan ansiada paz se hace esperar y, por el contrario, seguimos inmersos en una Guerra Civil permanente y cruel que tardaría mucho en finalizar.

En la vecina Francia se ve llegar un mundo nuevo, existen las bases para que así sea, pero en cambio, en España, en el toreo se tiene más en cuenta éste que la base social del país, y termina por imponerse de manera definitiva el sistema de torear a pie.

A partir de este momento, y durante cuatro años largos, *hay que echarse al monte,* y ello nos deja una secuela bastante dolorosa. Ni más ni menos que esa: la mala costumbre y la aventura que supone el *echarse al monte.* Los españoles de a pie descubrieron que uniéndose a pequeñas partidas de bandoleros, era posible derrotar a un cuerpo del ejército tan enorme como el de Napoleón.

En España la anarquía social es total. No importa que se nos envíen ayudas exteriores. La paz está reacia a unirse a nosotros. La sociedad está rota; y los toreros, producto exponencial de ella, no se apartarán de la marcha de los acontecimientos. De una y otra parte, de Ronda y de Sevilla, de Aragón al País Vasco, de Castilla a Cataluña, de la Mancha a Extremadura, salen mozos que se van incorporando a la enorme anarquía que impera y campa por sus respetos como si en ello fuera la diversión misma.

El vocablo chulo, que hasta ese momento definía a una digna profesión, es a partir de este instante y sigue en nuestros días, sinónimo de matón, indeseable, etc. En conjunto, son muchos los que tienen bastante que ver con la justicia. Tampoco faltó quien terminara muriendo en la horca, sin que entremos ahora en los motivos. Por ejemplo, Lucas Blanco. También uno de los banderilleros de «Curro Guillén», verdadero matón de oficio, que gustaba de usar el santo apodo de «Fraile de San Luis», es asesinado públicamente en las calles de Madrid. Sin embargo, nadie es más representativo que «Tragabuches»; discípulo predilecto de Pedro Romero en Ronda, un agitanado de gran hermosura, formó parte —la más feroz, al decir de la leyenda— de la recordada partida de bandolero llamada «Los siete niños de Écija». En escritos de la época se afirma que la infidelidad de su mujer fue la causa de una inmensa tragedia y dio paso igualmente a una copla que todavía se canta y seguirá, seguro, toda la vida:

«Una mujer fue la causa
de mi perdición primera,
que no hay perdición de hombres
que por mujeres no venga.»

O sea, que quien pudo ser uno de los toreros más grandes de la época, se convirtió en el más cruel de los bandidos, al menos de los que se tiene memoria. ¿Qué impulsó realmente a José Ulloa, «Tragabuches», a meterse en el bandolerismo? Nunca se sabría con exactitud y sólo existen especulaciones. Pero de esta misma manera, como se malogra «Tragabuches» para el toreo, se malogran otras destacadas individualidades para la sociedad, hombres de gran valor humano. A la memoria acuden el Empecinado, Mina, Argüelles, entre otros; son figuras inadaptadas, perdidas en el gran vacío nacional de la posguerra. La quiebra se produjo, sin ninguna duda, por la inexistencia de un cuerpo social robusto —clase media— que heredase el mando de la destruida aristrocracia. No existe política social, no se puede decir tampoco que haya un estado político. Por tanto, en este desolado panorama, el toreo no iba a ser menos, no podía romper la regla.

Ronda y Sevilla producen otros genios quizá menores. Jerónimo José Cándido y Francisco Herrera Guillén mantienen una débil competencia, aunque todavía dentro de unas reglas taurinas con significación artística. Habían de ser dos discípulos de este último quienes dieran a su antagonismo un matiz marcadamente político: Antonio Ruiz «El Sombrerero» y Juan León se afilian a los partidos absolutista y liberal, respectivamente. Su lucha en los ruedos, a partir de aquí, está llena de incidentes más fruto de las discrepancias políticas que de las artísticas. No es ni mucho menos el caso de «Pepe-Hillo» y Pedro Romero, que era noble y ancha como Castilla la Nueva. Es distante. Sus discípulos han reaccionado de muy distinta manera y su contienda es política y no taurina. Si la competencia de estos dos monstruos quedó pequeña con Guillén y Cándido, llegan al mínimo con Juan León y «El Sombrerero». Las fechorías de José María, «El Tempranillo», y Diego Corrientes, tienen más eco que otros hechos mucho más importantes para España. Triunfa el absolutismo, pero lo más absoluto es la anarquía social. Ejecutan a Riego y a Torrijos. Como contrapunto, y de acuerdo con la individualidad que les caracteriza y aprovechando el naciente Romanticismo, se destacan con gran fuerza dos figuras del toreo que formarán entre nuestros toreros para la historia: Francisco Montes, «Paquiro», y don Rafael Pérez de Guzmán. El primero, nacido del pueblo, es de la extracción más humilde que existe, por hombría de bien y sus muchos méritos contraídos alcanzaría señorío en la plaza y fuera de ella; años más tarde estará a punto de que le concedan el título nobiliario de Chiclana que, por envidias, es trancado en el último momento. Don Rafael Pérez de Guzmán, descendiente de Guzmán el Bueno, de la más rancia nobleza, será un buen torero, matón y pendenciero que trata de unirse, aunque con bastante cuidado, al pueblo. Es como una subversión de valores. Sin discusión estamos ante la paradoja de nuestra España.

Ni escuelas ni estilos

Estos dos toreros se destacan individualmente. Ninguno de los dos tiene en cuenta escuelas o estilos. Van a lo suyo románticamente. El simbolismo es más contrastado por ser su preparación tan distante. «Paquiro» es del pueblo y quiere «ilustrarse», «subir»; la perfección de su toreo se plasmará a través de la pluma de Santos López Pelegrín, «Abenámar», en «La Tauromaquia, Arte de torear». Don Rafael Pérez de Guzmán es el espécimen de una nobleza hundida en lo chispero y chabacano. Se ignora aún en nuestros días, cómo pudo tomar parte en la famosa corrida celebrada en Barcelona el 25 de julio de 1835 tras la cual y al salir mal ésta, el populacho quema los conventos. La correspondencia taurino-social no puede ser más intensa. Ni más dramática. El tema político-social va paralelo con la formación del toreo. La Escuela de Sevilla entra en movimiento gracias a Fernando VII, antitaurino de corazón, aunque más tarde adquiera la ganadería de Vázquez que firmará el 28 de mayo de 1830 una real orden creando la Escuela y nombrando «maestros» a Jerónimo José Cándido y a Antonio Ruiz, «El Sombrerero»; mientras el pobre viejo ya Pedro Romero, con sus setenta y seis años a cuestas, no se muestra muy conforme con este trato que le acaban de dar al dejarlo fuera del directorio de la citada Escuela, y por medio de su intriga acerca del conde de la Estrella, consigue que «El Deseado» —a quien ya en esas fechas muy pocos desean— le nombre «maestro primero» con un sueldo de 12.000 reales al año. El toreo, pues, se forma al impulso de los grandes genios: «Pepe-Hillo» y Pedro Romero; «Paquiro», «Guerrita», «Joselito» y Juan Belmonte, porque éste es un arte que jamás podrá funcionalizarse al estilo de otras artes en ninguna escuela oficial. Quizá lo único que queda de aquella Escuela sea la costumbre de llamar «maestro» al matador.

Nos encontramos en la mitad del siglo, existe una relativa tranquilidad en el reinado de Isabel II y surgen dos parejas toreras: «Cúchares» y «El Chiclanero»; «El Tato» y «El Gordito». Paralelamente, otra vez se da la paradoja, las parejas políticas: Martínez de la Rosa y el Conde de Toreno; Narváez y González Bravo. ¡Qué coincidencia! Otros toreros de menos relive salen a la palestra: «Pepete» y «Desperdicios». Son dos toreros desiguales, pero arriesgados, corajudos que no están dispuestos a dejarse pisar el terreno tan fácilmente como algunos creen.

Pasa el tiempo, y en el último cuarto de siglo se ve un atisbo de paz en España. Los toreros han puesto bastante de su parte, su granito de arena como se ha visto. Un personaje de esta pequeña y gran historia, el duque de Sesto, que se rebaja llamándose marqués de Alcañices, levanta a sus espensas una milicia: «El batallón del aguardiente»; en él es capitán «el pollo de Antequera», Romero Robledo, que inventaría luego «el pucherazo electoral», y es cabo de gastadores el mismísimo «Frascuelo». Una vez más el toreo está implicado en la política. Cánovas del Castillo y Sagasta instauran el turno de los partidos políticos; es decir, lo que debiera ser la noble y leal competencia. En el toreo surge al mismo tiempo una de las más vivas, reñidas y polémicas, aunque sin embargo amistosas, competencias: «Lagartijo» y «Frascuelo». El paralelismo es asombroso: Rafael Molina, «Lagartijo», como Cánovas, es de maneras elegantes, señor de sí mismo —«se puede pagar, diría "El Guerra", por verle hacer el paseíllo»—, mientras que Salvador Sánchez, «Frascuelo», como Sagasta, es largo en toda clase de suertes. España se parte en dos: conservadores y liberales; lagartijistas y frascuelistas. La competencia, lo hemos señalado, entre estas parejas es normal sin violencia, pero en sus seguidores a veces pasan todos los límites. En realidad el valor personal de esas cuatro figuras es tan auténtico, que sólo para ello se mantiene en la política una paz de veinte años, y en el toreo una de las etapas más brillantes de toda su historia. En este momento, España puede contarse por parejas. En el teatro podemos añadir otra más: las de Vico y Calvo; Galdós y Pereda, en la novela, y para Julián Gayarre, que no tiene rival en España, se busca al italiano Massini, pero éste por más que lo intenta, no logra llegarle al tenor del Valle del Roncal ni a las suelas de su calzado.

El siglo XX, otra etapa del toreo

Se nos marcha el diecinueve y, al mismo tiempo, como presagio de nuevas metas, se extinguen los brillos de «Lagartijo» y «Frascuelo» ya mayores y cansados. Con la violencia de por medio se apaga la vida de Cánovas en Santa Águeda. Ha terminado la noble y pacífica competencia. España se ha quedado sin pulso que la sostenga. En el toreo y en la política hacen su aparición dos monstruos en solitario, cada uno a su estilo y por cosas diferentes. Son Rafael Guerra, «Guerrita» y Antonio Maura. Son dos hombres de mente fría, con métodos propios, que conocen a la perfección su oficio. No se les puede emparejar con nadie. Su superioridad es tan manifiesta, se «ve» tan clara, que acaba por hacerse antipática: lo que es normal, se ve como soberbia; ya sabemos lo que se dice en España. Seguimos siendo diferentes.

¿Cómo se les va a tolerar que sepan tanto cada uno en su lugar? ¡Eso es intolerable! Que sean como los demás. Y como no se les encuentran rivales capaces de hacerles sombra, termina por ser la propia opinión pública la que se enfrenta, con saña, a ellos. Es la envidia, pecado capital de los españoles. Esto obliga a «Guerrita», convencido de su auténtico valor, a lanzar su ofensivo dicho que sentó muy mal a más de uno dentro y fuera del toreo: «Después de mí, nadie». Don Antonio Maura, en política, no lo dice pero lo piensa. Y la opinión, movida por unos cuantos, lanza su grito de mal presagio: «¡Maura, no, fuera Maura!». Dos palabras y dos errores que llevaron dentro la mayor equivocación que se podía cometer. Por un lado, se priva a la afición del torero más completo hasta ese momento, y a España, del estadista más grande de los llegados, igualmente, hasta ese instante. Toreo y política quedan acéfalos. Entramos en el nuevo siglo y estrenamos rey. Es la hora de los relevos. España, por no ser diferente aunque lo sea, sigue la marcha de Europa y se baña en burbujas de champaña. Hay que continuar pacíficamente hacia adelante. Pero ahora las nuevas parejas son de medio pelo y no dan la suficiente talla como las anteriores, y esto, claro, se nota. ¡Y mucho! Dato y Romanones, «Bombita» y «Machaquito», que luego serían mucho, no son más que la esperanza... Otra vez las segundas partes. El extraño e inconcreto fenómeno del socialismo ha hecho su aparición en Europa y engancha a nuestros intelectuales, volubles y poco pensadores, tal vez algo amigos de lo chabacano; y lo «social» se proyecta en lo asociativo. Eduardo Dato, con sus «idóneos», aprueba la ley de asociaciones al tiempo que Ricardo Torres, «Bombita», crea el Montepío de Toreros. Política y toros coinciden de nuevo.

Un nombre: Juan

En el mundo el sistema creado y casi impuesto por la Revolución francesa toca a su fin. Para decir adiós emperifolla los anchos sombreros de las damas y senilmente denomina sus últimos años «belle époque». El toreo del populacho, del pueblo llano y sencillo, nacido con el asalto a la Bastilla por arte y gracia de tres grandes toreros, «Costillares», «Pepe-Hillo» y Pedro Romero, debe seguir la misma suerte. La norma creada por aquel enorme trío —lo rondeño y lo sevillano— se ha perfeccionado con la llegada de «Paquiro» y «Guerrita», pero en lo fundamental sigue exactamente igual.

La norma impuesta por la Revolución francesa es la del respeto a la propiedad privada; en el toreo se mantiene inamovible la propiedad de los terrenos: el toro y el torero tiene cada uno el suyo. Aún resuena cerca la firma sentencia de «Lagartijo» cuando afirmó: *Viene el toro y, o te quitas tú, o te quita el toro.*

Y en esto hace su aparición un hombre llamado Juan. Su apariencia engaña; es desmadrada, se mueve con bastante dificultad, es la antítesis de «Guerrita», de «Lagartijo», de «Paquiro». Pero que, con esa manera de torear, con palabras entrecortadas, como si sólo quisiera decírselo a él mismo, afirma: *Ni te quitas tú, ni te quita el toro, porque moviendo los brazos acompasadamente al temple del toro, éste pasará rozándote la taleguilla y tú puedes quedarte quieto. No hay terrenos del toro. Todos los terrenos son del torero y quien diga lo contrario no sabe lo que dice, aunque éste sea torero.*

Es él, Juan. Y está seguro de lo que dice y piensa.

Mientras, como casi siempre, el grito de los «entendidos» es muy distinto, casi cruel: *No es posible. No lo podemos creer ni consentir. ¡Un siglo y cuarto de reglas aceptadas por todos no pueden ser destruidas de un plumazo o de un muletazo!*

«El Guerra» sentencia con todo el poder de su seriedad: *Darse prisa a verlo: así no se puede torear.* La crítica especializada, sin excepción, corea con tono agrio, hiriente: *Eso no es torear; no respeta los terrenos y su toreo es feo, bufo.*

No se trata de una mera innovación más, corriente y normal; esta vez el toreo se aparta de lo rondeño y de lo sevillano. Lo que acaba de llegar es un verdadero terremoto, es la revolución más auténtica, más importante, de toda la historia de la Tauromaquia. Como contrapunto, para que los puristas más apegados a las normas no se «mueran» de susto, les llega el regalo de «Joselito», incluso ya está implantado como un dios; es lo más perfecto, lo más grandioso para los entendidos y contrapuesto a Juan. Alto, bello, apolíneo, dotado de excepcionales cualidades, y ni los toros más agresivos tienen secretos para él. «Joselito» es la precisión matemática más perfecta. La *señá* Gabriela se atreve a decir: *Para que un toro hiera a mi hijo, tiene que tirarle un cuerno.* Más tarde se comprobaría que sin tirarle un cuerno, murió en las astas de un toro cuando nadie lo esperaba y en su mejor momento.

A partir de ese momento, la lucha que se plantea es la de dos verdaderos titanes. No existe enfrentamiento entre dos técnicas, ni dos escuelas, sino toda la tauromaquia —un largo siglo de existencia y de experiencias— que pugna por sobrevivir ante la revolución que amenaza destruirla. No hay pareja política o artística que sea capaz de enfrentarse a los dos colosos. Lo que se juega no es el enfrentamiento de dos estilos o tendencias, sino la propia existencia de la tauromaquia clásica que es la que todos los que mandan en el planeta de los toros miran con buenos ojos. En una palabra: el ser o no ser de una inmensa generación.

«Joselito» o «Gallito», es torero dentro y fuera de la plaza. No sólo porque torea con la fuerza de una gran afición, sino porque domina la técnica de manera increíble, además lleva la gracia andaluza en su porte, y la casta y el pundonor en todo su hacer; no se deja ganar el tirón por nada ni por nadie y, si alguna vez le toca ceder, sueña con la próxima tarde para poder desquitarse; por eso llegaron a decir que era el mejor. Domina y embellece las suertes, llega al cénit de la inspiración del toreo clásico. *Es el de la lidia exacta, poderosa, palpitante, grandiosa,* afirman los aficionados que parece que le quieren confundir con Dios.

La evidencia, canta

Pero la providencia que vela constantemente por la vitalidad y renovación de la fiesta, manda para hacer la competencia al semidiós a un torero mal diseñado, sin fuerza ni atractivo físico, sin apenas facultades. Sin ninguna presencia. Su leyenda es la de torero furtivo. Se ha curtido en los campos y bajo las estrellas. A fuerza de torear a hurtadillas, con toros grandes a la luz de la luna, ha conseguido la perfección del hurto; porque lo que Juan pretende es quitarle al toro negro de la noche y de la tarde, su terreno. Lo consigue con cierto sentido y con bastante perfección.

Juan Belmonte, que en un principio asusta al público, pronto conseguirá la emoción y hace que se tambaleen las columnas de Hércules, «Joselito», que por eso al recién llegado le llaman «El Pasmo de Triana» o en otros casos

«El Terremoto». En realidad, Juan Belmonte es el cataclismo que invierte las bases del toreo.

Y esto sólo lo pueden hacer los genios, y Belmonte es genial; pero esta genialidad, naturalmente, lleva consigo la disolución del amaneramiento, el puritanismo. No el suyo, claro, que ningún creador se amanera en su toreo fundacional, sino el de sus imitadores, que como copistas no saben distinguir dónde Juan es genial.

Por suerte, muy cerca de él está «Joselito», quien reconociendo los mejores méritos del trianero, incorpora a la tauromaquia clásica, a la suya en particular, los nuevos conceptos belmontistas, al tiempo que, sin apenas darse cuenta Juan, pretende inculcarle la técnica del toreo clásico y su poderío. Los dos colosos mantienen su rivalidad con enorme equilibrio, mucho más que el que conservan sus enloquecidos seguidores, orgullosos gallistas del poderío de su ídolo, asustados los belmontistas de verle en cualquier momento muerto en una de sus frecuentes cogidas. En su mente tienen grabada, memorizada, la sentencia de Rafael Guerra «Guerrita», cuando dice: *darse prisa...*

Y Talavera...

Fue la tarde del 16 de mayo de 1920, al mismo tiempo que en Versalles se firma la defunción de la *belle époque*, el toro «Bailaor» de la viuda de Ortega, quiebra para siempre, la gran vitalidad y la lucha en el ruedo más bonita de una pareja que pasará a la historia entre el romanticismo y la tragedia. «Joselito», el joven dios del toreo, el más sabio de todos, cae herido de muerte en la arena de la plaza de Talavera de la Reina, a orillas del Tajo, por donde anduvo la Celestina. Dos mundos acaban de terminar al mismo tiempo con otro paralelismo increíble: el de la Revolución francesa y el del toreo clásico más perfecto interpretado por José Gómez Ortega, «Joselito».

Juan Belmonte, el hombre del pueblo, el furtivo, que es de los que dicen que el hombre no llora, deja caer por sus mejillas unas leves lágrimas que terminará tragándose entre sus labios resecos y carnosos. Es la primera vez que llora por la muerte de un hombre. Él, el revolucionario, sabe que se ha quedado totalmente solo. Pero nada tiene ya remedio. La suerte está echada.

A partir de ahora, de este mismo momento, Juan puso en circulación lo que había aprendido de su amigo «Joselito» y cada vez que lograba dominar a un toro, y lo hizo miles de veces admirablemente, aseguraba con humildad, dentro de su enorme grandeza: *Todo se lo debo a José que me ganó incluso en la muerte.* Los otros, los copistas, los malos imitadores, afirman que era el toro el que debía cambiar.

«Lo bonito del toreo es el toreo»

Nos encontramos en los años veinte, en el mundo nuevo y distinto, donde termina de cristalizar todo lo iniciado con anterioridad. «Lo bonito del toreo es el toreo mismo», se dice a partir de Juan Belmonte García.

La era del toreo a pie, nacida al compás de la Revolución francesa, presiona al arriscado siglo XIX con flecos del XVIII y se mete de lleno en el XX. Desde «Costillares» a «Joselito», pasando por otros de la época menos significativos, su razón de ser y estar, puede definitirse ateniéndonos a las tauromaquias: «El Arte de Torear», o tal vez, *La habilidad de burlar, artísticamente, al toro bravo.* Así termina cumpliéndose, de la tauromaquia de «Pepe-Hillo» a la de «Joselito». Juan Belmonte, con su revolución, incorpora al toreo las corrientes artísticas en vigor; el creacionismo y el modernismo limpian a la literatura de la anécdota y el argumento. Ha llegado el arte por el arte. *Lo bonito del toreo es el toreo mismo.* Acaba de llegar, al menos de nombre el estilo, aunque éste existiera mucho antes. Este concepto lleva en su propio narcisismo el posible germen de su destrucción; por de pronto se trata de imponer el preciosismo a toda costa.

Desde el mismo instante en que «Joselito» cayó mortalmente herido en Talavera de la Reina, el toreo empezó a derivar, aunque en constaste evolución hacia el amaneramiento, llegando hasta nuestros días en su actual concepto como algo cargado de exquisiteces, bastante distinto a lo que es en la realidad la creadora genialidad. A tanto llegó la transformación de la tauromaquia, que un diestro sin encomendarse ni a Dios ni al diablo termina, para que a él no se le califique de otra manera, por ponerse: «El Exquisito».

De entonces a nuestros días, no existe otro toreo que levante más clamores a los «entendidos» que no sea el de la artística exquisitez, y del que hay que destacar de las épocas en que se viene practicando a ciertos toreros que están en la mente de muchos aficionados.

Marcial Lalanda, torero fundamental, Antonio Márquez, al que algunos llegaron a llamar «El Belmonte rubio», y que el coincidir en una corrida que se celebró en Madrid con «Gitanillo de Triana» y «Cagancho», dos toreros con los que el toreo de capa llega a lo más alto, inspiran al crítico «Gregorio Corrochano una crónica que maltitularía: "Los Tres Belmontes"».

¿Qué viene a demostrar con ello? Que la tragedia de Talavera no sólo fue dramática para la dinastía de los «Gallo», sino que a pesar de la genialidad de Juan Belmonte, el toreo empieza a derivar, a partir de ahí, en una progresiva aceleración hacia la decadencia. Tan exquisita como la quieran poner, pero decadencia al fin. Hasta ese mismo instante, el toreo había sido de auténticos machos hasta en el andar, a partir de ese momento, empieza a declinar...

El poderío de Domingo Ortega

Muertos, Manuel Granero en Madrid, en las astas malditas del toro «Pocapena» del duque de Veragua, y Manolo Bienvenida apartado de los ruedos, cuantos esfuerzos se hacen por encontrar parejas que creen nuevas competencias, son estériles. Al final es un solitario indiscutido el que se alza con la corona de laurel, con todo el poder del momento. Su nombre, Domingo López Ortega, y su característica más acusada: el poder. Es la entronización de la poderosa escuela castellana en el toreo. Rítmica, poderosa, verdadera, todo es autenticidad. El maestro de Borox, que lleva en su toreo la más fina elegancia de nuestros nobles campesinos, llena toda una época, y la llena con total y soberano dominio. Ninguno puede con él ni hacerle la mínima sombra. Con Domingo vuelve a entrar en la entronización del toreo macho, recio, indiscutible.

Estamos en los años treinta, nos llega la República y las competencias la polarizan en el terreno político tomando en ellas cartas de protagonismo toda la vida nacional, hasta que en 1936 se produce «el golpe de Estado», y con éste el desastre de una Guerra Civil que dura tres largos años. La masacre es espantosa, en los campos ya no se ven toros ni espigas, sólo cadáveres. En las dehesas ya no se celebran tentaderos y se han convertido en luchas fraticidas entre personas de la misma familia. Son los desastres de las guerras.

La guerra termina en 1939. Comienzan los años cuarenta y la juventud, en un afán dorsiano de superarlo todo, lanzan su manifiesto esteticista. En cuanto al toreo será el estoicismo senequista de «Manolete». Ambos representan la ilusión, el deseo supremo de imponer nuevas formas armónicas en el cuerpo nacional todavía sangrante; porque de toda la cruel guerra, queda siempre la secuela del hambre, el odio y la miseria.

Hacia adelante

En este tiempo de la posguerra en el toreo, a partir de «Manolete» —otra de las figuras con quien el toreo vuelve a sumarse al más perfecto modo de expresión estética—, el toreo deja de ser lucha para convertirse en sólo arte. Y así, con Pepe Luis Vázquez —inspirada figura del toreo—, la exigencia de perfección estética alcanza su más ponderativa consumación. Esto ha llegado a tal extremo que sólo se cultiva en nuestros días una sola faceta: la de la plástica. Ahora todo se supedita a la belleza del lance, o dicho de otro modo o más claro, a belleza externa. Es decir, predominan los valores artísticos sobre los técnicos.

Muerto «Manolete» en Linares en 1947 en las astas del toro «Islero» de Miura, muy poco tiempo después dicen adiós al toreo, Pepe Luis Vázquez y Carlos Arruza, el mexicano más destacado y que hizo, en más de una ocasión, sombra al monstruo cordobés. El franquismo se ha instalado con fuerza en el poder, y Luis Miguel Dominguín empieza a mandar en el toreo. Se instala, también, con Manolo González y Pepín Martín Vázquez, y poco tiempo después Miguel Báez, «Litri», y Julio Aparicio, cierta tranquilidad y conformidad en el toreo, a los que se unen Antonio Borrero, «Chamaco», Pedro Martínez «Pedrés», y Manuel Jiménez «Chicuelo II», y aunque entre ellos existe cierto tremendismo, nadie es capaz de levantar a la fiesta del letargo en que, poco a poco, ha ido sumiéndose, hasta que de pronto hace su aparición un desgreñado mal cincelado y peor pulido torero que se llamada Manuel Benítez Pérez, conocido en principio como «El Renco» y más tarde como «El Cordobés». Éste revoluciona todos los ambientes taurinos y no taurinos. Pero antes de meternos en profundidad con él, hagamos justicia sacándoles de este descarado conformismo a tres toreros, Antonio Bienvenida, Manolo Vázquez y Antonio Ordóñez. Tres toreros de excelso arte que si bien se les reconocieron excelentes méritos, siempre quedaron por debajo de los mismos.

«El Cordobés» y su embrujo

Y llegado el momento de analizar el fenómeno de «El Cordobés», uno de nuestros principales, y las razones de su enorme encumbramiento, hemos de decir que, aparte de sus cualidades toreras, muchas más de las que la crítica especializada le señaló en su día, hemos de poner en claro que su fama arrolladora se fraguó, en gran parte, al margen de los ruedos; estas razones hemos de buscarlas más bien en lo que como símbolo y síntesis de la juventud de su tiempo representó para ella que, dicho sea de paso, aunque fumaba quizá menos que la de ahora y andaba bastante menos metida en asuntos de droga, está muy claro que encajaba perfectamente dentro de su momento, por su melena y su indumentaria, incluso contestatario. Él, en ese aspecto, representó a una juventud inconformista, un poco rebelde que, sin escándalos como los que se dan hoy, pretendía salir de un letargo de muchos años de inconformismo sin protesta ninguna. ¿Distinto a los demás revolucionarios o tremendistas?

Quizá no tanto. «Chamaco», por ejemplo, era valiente, arriesgado; temerario a veces, pero jamás caló, ni él ni ninguno de quienes estuvieron en los ruedos antes ni después, como Manuel Benítez. Éste, que toreaba bien, a veces muy bien, poseía, además, una personalidad fuera de lo común. Un sello muy personal dentro y fuera de la plaza. En ésta, además, nunca imitó a nadie; hizo su propio toreo; el que sentía en la plaza, vocacional y pasionalmente, y ya sabemos que esto, en ninguna de las profesiones existentes en la actualidad se perdona. Es mucho más fácil el conformismo. Y eso, claro, no lo tuvo nunca «El Cordobés». Su *Tauromaquia,* única en la historia del toreo moderno, nadie pudo copiarla, aunque no faltaran imitadores. Se aproximó más a los toros que Juan Belmonte y, aunque sus detractores decían que sus toros eran más pequeños, que estaban arreglados, lo cierto es que con él hicieron siempre el paseíllo las primeras figuras de esa época, llámense Camino, Andrés Vázquez, «El Viti», Diego Puerta, Jaime Ostos, Curro Romero, Andrés Hernando, Gregorio Sánchez; el mismo Palomo Linares, con toda su vitalidad, que volvió a los toros al cierre de este libro, etcétera; Bienvenida, que le dio la alternativa, y otros; como Juan Antonio Ruiz «Espartaco», Francisco Ruiz Miguel, Pedro Gutiérrez Moya, «Niño de la Capea» o «Paquirri».

Con todos ellos compartió plaza y, como en todas las profesiones, unas veces venció él, la mayoría, y otras los demás.

Claro que Manuel Benítez, además de un enorme torero, del que aún no se ha escrito su verdadera tauromaquia, fue un «fenómeno social». ¡Por supuesto! Pero es que todo esto forma parte de un mundo en el que no se puede separar una cosa de la otra. ¿Pueden negarle que nació del pueblo y de esa misma popularidad que le dio ese mismo pueblo?

Evidentemente no.

Pero es que además de eso, «El Cordobés» mandó, sin rival, desde que apareció en los ruedos hasta que se marchó. Fue el verdadero eje de los años sesenta y nadie le pudo hacer ni la mínima sombra. En la historia del toreo, digamos moderno con ligeras matizaciones, sólo hubo dos toreros que fueron eje de la fiesta como él: Juan Belmonte y Manuel Rodríguez Sánchez, «Manolete». Los otros, aun siendo muy importantes, imprescindibles algunos para la fiesta en su momento, ninguno por sí mismo, habría sido capaz de dirigir la fiesta con mando de timón.

De cara al siglo XXI

No seríamos justos si mandásemos este libro a la imprenta sin mencionar algunos de los toreros más sobresalientes que aún tenemos en candelero. Son los de este siglo y los que se perfilan hacia el XXI.

Muerto Francisco Rivera «Paquirri» en Pozoblanco y José Cubero «Yiyo» en Colmenar Viejo, dos puntales de la torería de los años 80 con enclave en el 81, siguieron su marcha hacia adelante Juan Antonio Ruiz Román, «Espartaco», uno de los grandes triunfadores de la historia de la tauromaquia moderna; José María Manzanares, artífice del buen toreo; Pedro Gutiérrez Moya, «Niño de la Capea», la inteligencia puesta al servicio del toreo; José Ortega Cano auténtico profesional del toreo hecho a base de duro aprendizaje con el sentido justo de la medida; Dámaso González que se supo *inventar* los toros buenos que otros consideraban ilidiables; Julio Robles que cuando mejor se encontraba le quitó de la profesión un toro y del que algún día publicaremos su tauromaquia, principalmente con el capote que era perfecta; Paco Ojeda, buscando cada día más el acercamiento a los toros y pisando un terreno muy comprometido; el más veterano de todos y artífice de un toreo excelso cuando le sale bien las cosas: Curro Romero. Éste ha seguido manteniendo su cartel aunque muchas veces no acertase. Su mérito es innegable. Roberto Domínguez, apartado temporalmente de los ruedos, que llegó a una indudable perfección en sus maneras de interpretar el toreo dentro del más puro estilo; los hermanos Tomás y José Antonio Campuzano, que siguen manteniendo su interés en los carteles de feria. Lo mismo que los Esplá (Luis Francisco y Juan Antonio), quedándose, creemos que injustamente, a mitad de camino, Juan Antonio. Rafael de Paula, excelso torero de inspiración no muy frecuente pero maravilloso cuando se *estira.* Curro Vázquez, manteniendo el timón entre la juventud; o el mismo Víctor Méndez, un portugués hecho en España que no ha permitido el paso de nadie, al igual que el venezolano José Nelo, «Morenito de Maracay»; entre éstos también debemos incluir a otro diestro: César Rincón, revelación de las últimas temporadas y la figura clave de Colombia en los últimos años; la llegada de México de Mariano Ramos y Miguel Espinosa, «Armillita Chico», ambos con desigual fortuna, pero sin duda primeras figuras...

Enrique Ponce, un valenciano firme y seguro, con un toreo tan bello que ha enloquecido a los aficionados más exigentes. Miguel Báez «Litri», con un «tirón» muy similar al que poseía su padre si bien los entendidos afirman que torea mejor. En cualquier caso es una de los jóvenes figuras.

«Jesulín de Ubrique», otro de los que destacan en la tauromaquia de nuestro tiempo; José Miguel Arroyo, «Joselito», más cuajado, más hecho, ocupa un puesto privilegiado en el toreo moderno con sabor añejo. Su tauromaquia es de ayer y de siempre. «Finito de Córdoba», otro grande.

Muy cuajado, con un toreo bello, excelso a veces, nos encontramos al extremeño Juan Mora, que se mete de lleno en la tauromaquia de este siglo. El valenciano Vicente Ruiz, «El Soro», que se ha ido imponiendo a través del tiempo, no solamente como un excepcional rehiletero, sino como muletero. Manuel Díaz, también conocido como «El Cordobés», con quien su presunto padre, Manuel Benítez «El Cordobés» mantuvo un pleito en torno al apodo que sigue sin resolver. Éste posee un buen toreo añadiendo luego sus maneras irregulares que no suelen gustar a los aficionados, pero sí a las masas.

Siguen aún los veteranos como Emilio Muñoz, Paco Alcalde, Juan Cuéllar, Pedro Castillo, Fermín Bioque, etc. «El Fundi», continúa con sus ganas intocables; Manuel Caballero, Rafael Camino, «Chamaco», Fernando Lozano, con excelentes maneras pero debido a las cornadas despacio en su carrera; Julio Aparicio, otro de los grandes muleteros de este final de siglo; Fernando Cepeda, Emilio Silvera, Miguel Rodríguez, Jorque Manrique, Oscar Higares, con indudable cartel sobre todo en Madrid; Gregorio de Jesús, Mariano Jiménez, Domingo Valderrama, David Luguillano, con un toreo de ensueño, particularmente con el capote; Pepín Jiménez, más cuajado por los años y que sigue con la ilusión puesta en el triunfo; Andrés Caballero «Paquiro», Ramón Lucero, Javier Vázquez, con unos triunfos sonados que lo consagraron en Madrid; Luis de Pauloba, Pepe Luis Martín, Niño de la Taurina, José Luis Seseña; el portugués Rui Bento Vasquez; los más veteranos Curro Durán y Lorenzo del Olmo; Julio Norte; el francés, Richard Vilian, Sergio Sánchez, Antonio Manuel Punta, Rafael de la Viña, un joven con garra de la buena; Antonio Mondéjar, Ignacio Martín, «El Tato», «Macandro», Cristo González, Álvaro Amores, «Soro II», Antonio Vázquez,

Pedro Lara, Fernando Cámara, «El Jerezano», Rodolfo Pascual, José Luis Ramos, Raúl Galindo, Pareja Obregón, Pepe Luis Vázquez, «Chiquilín», Paco Delgado; el veterano Manuel Ruiz, «Manili»; Erik Cortés, Domingo Castillo, José A. Carretero, Ángel de la Rosa, Felipe Martins, Juan Pedro Galán, José Fuentes, Celso Ortega, Rafael Sandoval, Julián Zamora, José María Plaza, Luis Milla; los ya clásicos y veteranos Gabriel de la Casa y Manolo Cortés, incluso «Frascuelo»; Jeromo Santamaría, Juan Carlos Vera, Víctor Manuel Blázquez, Paco Vallejo, «Currillo», Sánchez Marcos, Vicente Salamanca, Curro Caro, Juan Villanueva, Joselito Vega, Manuel de Paz, Emilio Oliva, Raúl Aranda, José Luis Palomas, Manolo Sánchez, Pedro Carra, Eduardo Oliveira, Pepín Liria, Ramón Lucero, Manuel Romero «Romerito», Mariano Ramos, José Luis Galloso, «El Molinero», «El Javi», Andrés Sánchez, Ángel Liria, Sánchez Mejías, Denis Lore, Roberto Antolín, Juan Carlos Landrove, Fernando José Plaza, «El Bayas», José Luis Amador, José Luis Parada, «Campanilla», Rafael de Paula, Julio Martínez, Roberto Bermejo, Joaquín Díaz, Manolo Moreno, Antonio Sánchez Puerto, Domingo Castillo, «Chicuelo de Albacete», Jesús Zárate, Pedro Luis Heredia, Roberto Miguel, «El César», Juan Pedro Galán, Tomás Moreno, César Pérez, Manuel Rodríguez, Alejandro Silveti, Carlos Ávila, Alberto Martínez, Paco Doddoli, Manolo Porcel, «Gallito de Alfaro», José Lara, Pedro y Vicente Roldán, Miguel Vara, José Muñoz y Santiago Muñoz Alonso.

Todos ellos implicados en el escalafón de los matadores de este final de siglo, con algunas retiradas, como la de «Espartaco Chico», «Niño de Aranjuez», Lorenzo Manuel Villata, Lázaro Carmona, etc., toreros éstos que nadie se explica que no llegaran a ocupar un puesto de privilegio en el toreo de este siglo ya que cualidades para ello les sobraban.

Como es lógico, algunos de los nombres mencionados, torean poco, pero en ningún caso no merecen y merecieron estar en lugares más altos.

Los otros nombres

Y de cara al siglo XXI y enlazando con éste, existen unos nombres que, en muchos casos, conseguirán la gloria si la suerte les acompaña. Son ellos las promesas novilleriles que ocupan el actual escalafón y que algunos han logrado ya muchos e importantes éxitos. Éstos son: Pedro de Portugal, Manolo Carrión, Javier Conde, José Ignacio Sánchez, Juan José Padilla, José Ortega, Juan José Trujillo, José Luis Gonçalves, Rodolfo Núñez; la torera Cristina Sánchez que no se deja ganar tan fácil la pelea; Pepe Luis Gallego, Daniel Granado, Juan Carlos García, Ruiz Manuel, Paco Aguilera; el jovencísimo Francisco Rivera Ordóñez, hijo del inolvidable «Paquirri» y nieto de Antonio Ordóñez; Ricardo Ortiz, Alfredo Gómez, «El Califa», Julián Guerra, José Perea, José Romero, Miguel Martín, Oscar Díaz, «El Trueno», Abel Olieva, Curro Rivas, Javier Clemares, J. A. Canales Rivera, primo del hijo de «Paquirri»; Víctor Puerto, Alberto de la Peña, «El Umbreteño», una promesa muy firme; Vicente Barrera, Paco Senda, Joaquín Díaz, «El Madrileño», otra gran promesa; Francisco Moreno, Regino Agudo, el joven rubio de Aranjuez con un excelente corte de torero; Alberto Elvira, «El Millonario», Julio Martínez, Jesús Romero, Roberto Contreras, Alberto Manuel, «El Víctor», Bernabé Miedes, Santi Acevedo, Javier Rodríguez, Julián Zamora, Cayetano de Julia, David Gil, Juan de Pura, Óscar González, Luis Sierra, Juan Bazaga, José Luis Moreno, «Niño del Tentadero», Olivier Causse, Victoriano González, Manuel Romero, «El Turronero», «Rondino», Pérez Vitoria, Luis Delgado, Gillex-Raoux, Frederic Leal, Conrado Muñoz, Juan Antonio Cobos, Pepe Luis García, José Moreno, Ricardo González, Carlos Casanova, José González, José Ramón Martín, Martín Blanco, Eduardo de Corbalán, Agustín Marín, José L. Villafuerte, Francisco Perpiñán, José Luis Peralta, Jesús San-Juan, Sebastián de Córdoba, José Carlos Lima, «El Mene», Vicente Bejarano, Antonio Martín, Raúl García, «Eugeniete», Adolfo de los Reyes, «El Andujano»,

Domingo Triana, Carlos Neila, José A. Ortega, Carlos Valencia, José Ignacio Ramos, José Manrubia, Diego Urdiales, David Parra, Jorge Prado, Joselito Payá, César Manrique, Paco Picado, Alberto San Martín, Tomás Zurano, Juan Garcés, Paco Ramos, Francisco Javier Ortiz, Joselito Rus, «Rafaelillo», «Chamaqui», Tomás Linares, Jesús Medrano, Jesús Ramón Clemarte, Edu Gracia, Obdulio Pérez, César González, Ramón Bustamente, Antonio Guillén, Paco Cervantes, Curro Sánchez, Álvaro Oliver, Daniel María, Manuel Gimeno, «El Palestino», Gilles Marsal, Manuel Montoya, «Morenito de Nimes», Pedro Bermejo, J. Antonio Rodríguez, «El Torero», «Chicote», Luis Pietri, «El Puchano», Juan Antonio Muñoz, Leocadio Domínguez, Juan de Félix, «Villarino», Roberto Contreras, A. Sánchez «Andresín», Roberto Antolín, David Gil, José Luis Romero, Alberto Luna, Juan de Pura, José Parea, Raúl Cervantes, Rafael González, Rafael García, «Niño de Belén», Alfonso Romero, José A. Pérez Vitoria, Félix Jesús Rodríguez, Mario Gómez, Curro Matola, Pepín Rubio, Juan Carlos Belmonte, Regino Ortes, Domingo Triana, Antonio Cutiño, José Andrés González, Juan de Félix, Paco Ortega, J. Tomás Román Martín, Juan Manuel Collado, Antonio Barrera, Joselu de la Macarena, Óscar Alba, Tomás Linares, «El José», «Zapaterito», «Pirri», Rafael Osorio, Carlos Sánchez, César Orero, Soler Lázaro, Mari Paz Vega, Francisco Porcel, «Varguitas», «El Cartujano», Francisco Barroso, Gabriel Olivenza, Martín Alonso, «Saleri», Álvaro de la Calle, «El Conde», José Saceda, Javi del Olmo, Óscar Alba, Jesús del Carmen, Emilio Rivero, Miguel Santaella, Francisco José Porras, Paco Alba, Javier Olivencia, Lorenzo Cordero, «Chicuelo», Rafael Gutiérrez, Manuel Jesús Gil, Hugo Patrocinio, «El Onubense», «El Pardal», José González «Orteguita», Cayetano Ortega, Julio Campano, Raúl Adrada, «Angelillo», Curro Moreno, José Ángel Sanz, Fernando José Plaza «El Murciano», «Macareno», José Ángel del Saz, Manolo Moreno, Jorge Prado, Alberto José Martín, Paco Ramos, Sebastián Rangel, José Ángel, Ramón Albaecín, Yolanda Carvajal, Juan Alfonso Bermudo, Alfonso Gómez, Pedro Bermejo, Paco Alcántara, Manuel Martín, Jaime Reyes, Luis Osorio, José Manuel Collado, Javier Olmedo, Manolo Corona, Alejandro Moreno, «El Paye».

Los «otros» toreros

No podemos echar en saco roto a los toreros de a caballo porque ellos fueron y son, una gran atracción para todas las plazas de España y el mundo taurino. Nos estamos refiriendo a los toreros a caballo, verdaderos lidiadores, jinetes del arte y la muerte, llamados rejoneadores. En la actualidad existe un buen ramillete que hace las delicias de la afición, entre los que cabe destacar, en España, aunque algunos extranjeros como el portugués João Moura; Ginés Cartagena, Luis y Antonio Domecq, auténticas revelaciones de 1993; Javier Buendía, Fermín Bohórquez, uno de los valores clásicos más firmes del momento presente; Curro Bedoya, Juan José Rodríguez, Javier Mayoral, Antonio Ignacio Vargas, Paulo Caetano, Leonardo Hernández, Pedro Cárdenas, María Sara, una rejoneadora con grandes éxitos en su haber; José Andrés Montero, Pablo H. de Mendoza, Antonio Correas, Borja Baena, César de la Fuente, Fernando San Martín, Aquilino Pascual; el mexicano Rodrigo Santos, Ricardo Murillo, Francisco Benito; el veterano y siempre excepcional, Rafael Peralta, Antonio Ribeiro Telles, Miguel García, Juan Luis Perita, Martín González Porra, Joaquín Bastinhas, Luis Ruisinol, Pedro Franco, Basilio Mateo, Eladio Vegas, Luis Miguel Arranz, Luis Valdenebro, Joaquín Moreno Silva, João Ventura, Domingo Domínguez, Damián Donzaba, Vasco Taborda, Vicente Salas, Sebastián Zambrano, Nano Pardal, Agustín López Durán, Lorial Manuel, José Manuel Duarte, Oscar Lorente, Genaro Tent, Javier de la Cruz, Vicente Magro, Juan Fernández, José Luis Tejeda, José Luis Cochino, José Francisco Cortés, José Garví, Antonio Pérez, Luis Miguel Veiga, Federico Carolino; el jovencísimo y destacado, Juan Andrés Mesa Garrido; Rui Hipólito, Rui Salvador, João Salgueiro, Manuel Jorge Oliveira, David Ribeiro Telles, Joaquín Verissimo, Antonio Mesa, Joan Paulo, Óscar Rodríguez Gaona, Victoria Santana, Batista Duarte, Carmen de Córdoba, David Vázquez, Nano Bravo, Javier de la Cruz, Juan Carlos Romero, Juan Ramírez, Rui Rosado, Sainz Mocejón, «Bombita», José Luis Hernández, «Musiquini», Joao Infante, Antonio Bote, Juan Carlos Molina, Carlos Francisco Nuncio, Gerar Pelle, Damián Davel, Jesús Ángel Hernández Joao Cerejo, José Luis Perita, Pepín Rubio, Miguel Donzaba, Antonio Martín, Javier Rodríguez, Rui Santos, Gloria María, Isabelo Rodríguez, José Luis Carmona, Rafael García, Pablo Mayoral, Pascual Rou, Anillo, Manuel de Córdoba, Jacques Bonnier.

Digamos finalmente, que solamente hemos querido citar aquí los protagonistas del momento presente y del venidero, sin entrar en más matizaciones que nos llevarían muy lejos y tener que emplear muchas más páginas de las que ahora no disponemos.

El porvenir

Que la afición y la vocación a los toros y por los toros es cada día más fuerte, es un hecho tan evidente que basta con ofrecer la relación de los actuales alumnos de la Escuela de Tauromaquia de Madrid, alguno de los cuales ya empiezan a despuntar con verdadera fuerza. Ésta es la cantera del porvenir de la fiesta y otros muchos, de otras Escuelas, que también luchan por alcanzar la gloria. Es la evidencia, clara y rotunda, de que la fiesta de los toros goza de excelente salud cuando cerramos este libro.

César del Puerto Herrero, Enrique Martínez Zazo, Luis Miguel Collado Pauso, Miguel Pérez Bonillo, Iván Garrido Gómez, Juan Felipe Cruzado Martínez, Álvaro González Rodas, Juli Martín Marina, Agustín Serrano Simón, Gregorio Rodríguez Alcañiz, David Montero Muñoz, Gabriel Pérez Sánchez, Javier de Pedraza Losa, David Jesús García Palencia, Juan Pablo Sabroso Fernández, José María Fernández Fernández, Jesús Fernández Fernández, Javier Cerrato Rosales, Ángel Gómez Martínez, José María Gómez Álvarez, Miguel Ángel Gómez Álvarez, José Luis López Martínez Hernández, Raúl Velasco Olivares, Emilio Chamón Ortega, Víctor Hugo Saugar Blasco, David Mora Domínguez, Alberto Muñoz Álvarez, Óscar Vega Rojo, Jesús Manuel Silva Pascasio, Luis Miguel Encabo Fierrezo, José Luis Hernández Aguado, José Rodado Cuesta, Alejandro Ahijado Trigo, David Sánchez Adalid, Pedro Andrés Pedrosa Bonillo, Raúl Vicente Ruiz, Aramado Depaz Lucas, Carlos Martínez Delgado, Francisco Javier Sánchez Varo, Francisco Ortega Sancho, Miguel Fernández Ramírez, Ángel Torres Luján, Francisco José Garrido Ureña, Óscar Ramos Sánchez, Óscar Pimentel Ramos, Javier García Aguilar, Mariano Cruz Ordóñez, José Andrés Sánchez Vicente, José Luis García Aguilar, Mariano Cruz Ordóñez, José Andrés Sánchez Vicente, José Luis Madrigal Cimara, Alfredo Mangalo Marsal, David Pulido Cortijo, Mateo Padilla Cid, Ángel Amos Rodríguez, Iván Manuel Romero García, Carlos Buendía Gamboa, Julián López Escobar, José Javier Elejalde Redondo, Raúl Hontana Garnacho, Raúl Pimentel Ramos, José Ignacio de la Serna Miró, Fernando García Robleño, Laura Garrote Valencia, Jaime Corredor San José, Julio César González García, Miguel Gil Merino, Juan García Higueruela, Unai Olsen González, Jesús María Arroyo Ortuza, Antonio Buendía Zurita, Antonio Pérez Moya, José María Granados Gargia, Jorge Pascual Valladolid, Marcos Ortiz Cadenas, David González Martín, Andrés Revueltas Gallego, José Germán Martín Lucas, José Antonio Herrero Alonso, Sonia Díaz Herrero Díaz, Isidoro Redondo Martín, David Muñoz Valladolid, Jaime Vargas Navarro, Francisco Javier Cruz Talavera, Manuel Soto González, Ignacio Fernández Raigal, Francisco Callejo Herranz, Fernando Cruz Calvo, Marcelino Llanos Romero, José Carlos Estebes Ronco, José Luis

Sánchez Camacho, Raúl Minterio Lago, Nuria Sánchez Calzas, José Antonio Cabeza Olivares, Bernardo Ortega Sandeogracia, Manuel López Robledo, Santiago Núñez Cubillo, Alberto Martín Martín, Ramiro Jiménez González, José Fausto del Hierro Zarzuelo, Adolfo Péres Rodríguez, Raúl Mateo Martín, Fernando Ramos Gardel, Ignacio Ramos Viana, Juan Antonio Romero Freile, David Hernández Romero, Rafael Tomé García, Manuel Martínez Chacón, Sergio García Rodríguez, Iván Carro Juan, Ignacio Martín González, David Pascual Fernández, Jacinto Salazar Gómez, Álvaro Atienza Abad, Óscar Martínez Molina, Ana Isabel García Caro-Jaro, Juan Andrés Mesa Garrido, José Luis Egido Álvarez, Mario Castillo García, José Esteban Barrero Barrado, Miguel Ángel Barrero Barrado, César Castellano Blasco, Miguel Ángel Ortega Herrero, Miguel Ángel Sierra Hernández, Pedro Sánchez Rayo, Jesús Robledo Aracil, Gabriel Barbero Aparicio, José David Fernández Carretero, Marco Lorente González, Miguel Ángel Cubillo Jiménez, Alfonso García Cordón, Reyes Ramón Peña, Miguel Luis Fijeoo Velasco, Marca Muñoz Trinidad, Santos Céspedes Salas, Jesús Céspedes Salas, Óscar Ruiz Azañedo, Diego González Polonio, David Sanz Sánchez, Ivan Alberto Sanz Sánchez, Tomás Ahutegui Martín, Andrei Mikhail Primakow, Antonio Ramos Barro, Blas Romero López, David Cajigas Ruiz, Jesús María Sánchez Blanco, Raúl Gutiérrez Zamorano, David Redondo García, Diego Jiménez Jiménez, Ángel Estéves Martín, Javier Portal Fuentetaja, Rubén Prieto García, Guillermo Sandi Serrano, Alberto Navarro Zabal, Alfonso Rodríguez Mellado, Gonzalo Parrilla Torres, Óscar Álvarez Bujia, Jorge Martín Huerta, Daniel Rodríguez Díaz, Julián García de Santiago, Sergio Vozmediano Adán, Santiago González Alia, Pedro de la Peña Illana, Francisco de la Torre Azpurgua, Sergio González Gambero, Carlos Santa María Ocaña, José María Barrado Vaquerizo, Óscar Fonseca Prieto, Alan Blanco Pérez, Rafael Rodríguez Escribano, Alberto Madrid Núñez, Francisco Javier Marqués Gómez, José Luis Rodríguez Sanz, Jorge Arellano Maroto, Raquel Largo González,

Israel de Agustín Serrano, Álvaro C. González Casillas, Julián Martínez Molina, Javier Pinilla Cuesta, José Ignacio Uceda Pérez, Iván Garrido Escudero, Juan de Dios García Garrido, David Blasques Pastor, Sebastián Pereira Fernández, José Luis Castell Dávila, Antonio Cruz Moreno, Federico Pérez López y José Antonio Gamo Aranda.

ÍNDICE

Biografía 5
Dedicatoria 7
El respeto a la historia 9
Diccionario taurino 23
Biografías 141
Entre las figuras y las esperanzas 265